零基础过经济师考试系列
全国经济专业技术资格考试用书 全新版

克|题|制|胜 1

工商管理专业知识和实务 初级

「精选章节习题集」

环球网校经济师考试研究院 编

全真机考模拟 ◁
以题促学 ◁
考前实战 ◁

立信会计出版社

图书在版编目(CIP)数据

工商管理专业知识和实务(初级)精选章节习题集/环球网校经济师考试研究院编. —上海:立信会计出版社,2023.1(2025.8重印)

全国经济专业技术资格考试用书

ISBN 978-7-5429-7189-0

Ⅰ.①工… Ⅱ.①环… Ⅲ.①工商行政管理-资格考试-习题集 Ⅳ.①F203.9-44

中国版本图书馆 CIP 数据核字(2022)第 250734 号

责任编辑　蔡伟莉
助理编辑　胡蒙娜

工商管理专业知识和实务(初级)精选章节习题集

Gongshang Guanli Zhuanye Zhishi He Shiwu(Chuji) Jingxuan Zhangjie Xitiji

出版发行		立信会计出版社			
地　　址		上海市中山西路 2230 号	邮政编码		200235
电　　话		(021)64411389	传　　真		(021)64411325
网　　址		www.lixinaph.com	电子邮箱		lixinaph2019@126.com
网上书店		http://lixin.jd.com			http://lxkjcbs.tmall.com
经　　销		各地新华书店			
印　　刷		三河市中晟雅豪印务有限公司			
开　　本		787 毫米×1092 毫米　　1/16			
印　　张		12.5			
字　　数		274 千字			
版　　次		2023 年 1 月第 1 版			
印　　次		2025 年 8 月第 4 次			
书　　号		ISBN 978-7-5429-7189-0/F			
定　　价		47.00 元			

如有印订差错,请与本社联系调换

环球君带你学『经济师』

初级经济师是国家认可的初级职称，是经济专业技术资格的一种，是国家对多个行业内从事经济相关职业人员从业能力的认可。

初级经济师考试实行机考，总共考核两个科目，即"经济基础知识"和"专业知识与实务"。每个科目的考试时间为1.5小时，两门考试中间有40分钟休息时间。

如果备考经济师是一场战役，那么考前60天一定是决定战役能否胜利的关键节点。考生该如何更好地利用考前60天呢？除了要学习重要的知识点，还要进行刷题训练，通过做题提升学习效率，保持做题的题感。

环球网校经济师考试研究院的老师们对初级经济师考试进行了系统研究分析，结合历年辅导大批考生的经验，编写了本书，期望能够帮助大家顺利通过考试。本书分为三大版块：

第一版块：刷题练习。本部分按照章节顺序呈现习题，旨在让考生能够对每个常考知识点都能以习题形式进行练习。本部分的每道题都是环球网校经济师考试研究院的老师根据考试频率和知识点的考查方向精挑细选出来的，便于考生复习，打好扎实的知识基础。

第二版块：思维导图。本部分以思维导图的形式展现了各章的重点内容，便于考生直观明了、高效快捷地掌握知识体系。

第三版块：全真机考模拟。考生在精做章节练习题、掌握知识脉络后，一定要做成套试卷进行模拟考试。本部分旨在让考生在仿真机考环境中进行模拟练习，进而胸有成竹地参加考试。

在做题过程中，考生应当注意对错题进行整理和分析，从而完善自身的知识体系。建议考生针对每一道错题都问自己以下几个问题：

（1）这道题考查的知识点是什么？

（2）与本题考查的知识点相关的内容有哪些？

（3）我是怎么运用相关知识点解决这道题的问题的？

(4) 这道题的解题过程是什么？

(5) 为什么我做错了这道题？

(6) 这道题还有其他做法吗？

思考上述问题可以帮助考生从知识掌握、能力提升、解题习惯等方面分析错误，有针对性地进行复习，高效备考。

如果考生在做题中遇到了自己研究不明白的题目，可以扫描相关二维码听老师讲解该知识点。本书在每一章最后设置了"学习笔记"栏目，考生可以记录在学习中遇到的难点、雷点，从而准确地找到自己的薄弱点，然后想办法去攻克它。

学习是日积月累、循序渐进的过程，要系统、全面地掌握知识，就要采用有效的方法坚持不懈、持之以恒地学习。希望通过这60天的学习，大家能够养成良好的学习习惯，顺利通过初级经济师考试，为以后的职业发展奠定良好的基础。

环球网校经济师考试研究院

目录

第一章 企业管理概述 …………………… 1

Day 1 …………………………………… 1

考点：企业的概念与目标 …………… 1

考点：企业的基本职能 ……………… 2

Day 2 …………………………………… 3

考点：企业的类型 …………………… 3

考点：企业制度的类型 ……………… 3

考点：现代企业制度和中国特色的现代企业制度 …………………………… 4

Day 3 …………………………………… 5

考点：企业的社会责任 ……………… 5

Day 4 …………………………………… 6

考点：企业管理的基本性质 ………… 6

考点：企业管理的主要职能 ………… 6

Day 5 …………………………………… 8

考点：标准化工作 …………………… 8

考点：定额工作 ……………………… 8

考点：计量工作 ……………………… 8

参考答案及解析 …………………… 11

第二章 企业组织结构 …………………… 15

Day 6 …………………………………… 15

考点：劳动分工与专业化 …………… 15

考点：管理幅度与管理层次 ………… 16

考点：集权、分权和授权 …………… 16

Day 7 …………………………………… 18

考点：直线关系与参谋关系 ………… 18

考点：部门化 ………………………… 18

考点：企业组织设计的任务、依据和原则 …………………………… 18

Day 8 …………………………………… 20

考点：企业组织结构的基本形式 …… 20

考点：企业组织结构形式的选择 …… 20

考点：虚拟企业组织模式 …………… 20

考点：战略联盟组织模式 …………… 21

Day 9 …………………………………… 22

考点：学习型组织模式 ……………… 22

考点：电子商务组织结构 …………… 22

考点：企业生命周期 ………………… 22

Day 10 ………………………………… 24

考点：企业变革的动因 ……………… 24

考点：企业变革的先兆 ……………… 24

考点：企业变革的类型 ……………… 24

考点：企业变革的过程 ……………… 25

参考答案及解析 …………………… 27

第三章 市场营销管理 …………………… 31

Day 11 ………………………………… 31

考点：市场调研分析 ………………… 31

Day 12 ………………………………… 33

考点：市场营销战略设计 …… 33
Day 13 …… 35
考点：市场营销组合设计 …… 35
Day 14 …… 37
考点：市场调查概述 …… 37
考点：市场调查方式 …… 38
Day 15 …… 40
考点：市场调查方法 …… 40
Day 16 …… 42
考点：市场预测概述 …… 42
考点：定性市场预测方法 …… 42
Day 17 …… 44
考点：定量市场预测方法 …… 44
参考答案及解析 …… 47

第四章 生产过程组织 …… 54
Day 18 …… 54
考点：生产运营管理概述 …… 54
Day 19 …… 56
考点：生产组织 …… 56
考点：生产过程 …… 56
考点：生产过程组织 …… 57
Day 20 …… 58
考点：生产类型 …… 58
考点：厂址选择 …… 58
Day 21 …… 60
考点：生产过程空间组织的原则与形式 …… 60
Day 22 …… 62
考点：生产过程时间组织 …… 62
考点：顺序移动方式 …… 62
考点：平行移动方式 …… 62
考点：平行顺序移动方式 …… 62
Day 23 …… 63

考点：三种移动方式的优缺点比较 …… 63
Day 24 …… 65
考点：流水生产线组织 …… 65
考点：自动线组织 …… 66
Day 25 …… 67
考点：绿色生产 …… 67
考点："5S"管理 …… 67
参考答案及解析 …… 70

第五章 质量管理与安全生产管理 …… 78
Day 26 …… 78
考点：质量与质量管理 …… 78
Day 27 …… 80
考点：质量管理中的常用技术 …… 80
Day 28 …… 81
考点：工序能力分析 …… 81
Day 29 …… 83
考点：质量检验 …… 83
考点：质量认证 …… 83
Day 30 …… 85
考点：全面质量管理 …… 85
考点：六西格玛管理 …… 85
Day 31 …… 87
考点：安全生产管理 …… 87
参考答案及解析 …… 89

第六章 技术改造与新产品开发 …… 95
Day 32 …… 95
考点：技术管理概述 …… 95
考点：技术改造概述 …… 95
Day 33 …… 98
考点：技术改造项目的确定及其可行性研究 …… 98
Day 34 …… 100
考点：技术改造方案优化选择的方法

考点：设备的寿命·················100
　Day 35··························102
　　　考点：设备更新的方法·············102
　Day 36··························104
　　　考点：新产品开发战略的基本类型···104
　　　考点：新产品开发的方式···········105
　Day 37··························106
　　　考点：新产品开发的过程···········106
　　　参考答案及解析···················109

第七章　员工招聘与员工培训·········115
　Day 38··························115
　　　考点：工作分析的概念与作用·······115
　　　考点：工作分析的步骤与方法·······116
　　　考点：工作说明书的编写···········116
　Day 39··························118
　　　考点：员工招聘的含义与作用·······118
　　　考点：员工招聘的程序·············118
　Day 40··························119
　　　考点：员工招聘的渠道·············119
　　　考点：员工招聘中常用的人员甄选技术
　　　·································119
　Day 41··························121
　　　考点：员工培训的含义和目的·······121
　　　考点：员工培训的需求分析·········121
　　　考点：员工培训的实施·············121
　Day 42··························123
　　　考点：员工培训的方法·············123
　　　参考答案及解析···················126

第八章　财务管理···················130
　Day 43··························130
　　　考点：财务管理的概念·············130
　Day 44··························132

　　　考点：财务管理的环节·············132
　　　考点：财务管理的目标与社会责任···133
　Day 45··························135
　　　考点：筹资管理···················135
　　　考点：投资管理···················135
　Day 46··························137
　　　考点：营运资金管理···············137
　　　考点：利润分配管理···············137
　Day 47··························139
　　　考点：成本费用项目···············139
　　　考点：成本费用控制方法···········139
　Day 48··························141
　　　考点：财务分析概述···············141
　　　考点：主要财务报表···············141
　Day 49··························143
　　　考点：财务比率分析···············143
　　　参考答案及解析···················147

第九章　管理信息系统···············153
　Day 50··························153
　　　考点：信息与数据·················153
　　　考点：信息的分类·················154
　Day 51··························156
　　　考点：企业信息管理···············156
　　　考点：企业管理信息系统的结构与组成
　　　·································156
　Day 52··························158
　　　考点：数据采集技术···············158
　　　考点：电子数据交换技术···········158
　　　考点：北斗卫星导航系统···········158
　Day 53··························160
　　　考点：数据库系统·················160
　　　考点：管理信息系统的功能·········161
　Day 54··························162

考点：管理信息系统开发 …………… 162
　　参考答案及解析 ……………… 165
思维导图 ………………………… 169
Day 55 ……………………………… 169

Day 56 ……………………………… 175
Day 57 ……………………………… 181
全真机考模拟 …………………… 187
Day 58* 至 *Day 60 …………………… 187

第一章　企业管理概述

> **学习指导**
>
> 　　本章主要涉及与企业相关的基本知识，包括企业的概念、企业的基本职能、企业的类型、企业制度的类型、企业的社会责任、企业管理的基础性质与主要职能。本章不属于案例题考查章节，历年考查分值在12分左右。
>
> 　　本章内容的考查题型多为单选题和多选题，以记忆型题目为主导，要求考生对很多概念能够进行分析并理解记忆。因此，建议考生复习时结合题目进行理解和掌握，注意避免概念混淆。

日期	考点
Day1	➢企业的概念与目标 ➢企业的基本职能
Day2	➢企业的类型 ➢企业制度的类型 ➢现代企业制度和中国特色的现代企业制度
Day3	➢企业的社会责任
Day4	➢企业管理的基本性质 ➢企业管理的主要职能
Day5	➢标准化工作 ➢定额工作 ➢计量工作

▶▶▶ Day 1

▽ **考点**：企业的概念与目标

1. [单选] 企业是独立的（　　）。

   A. 行政组织　　　　　　　　　　B. 事业单位

   C. 社会团体　　　　　　　　　　D. 经济实体

2. [单选] 下列关于企业的说法，错误的是（　　）。

   A. 企业以营利为目的

   B. 企业必须承担社会责任

   C. 企业是一个附属性质的实体

   D. 企业是一个独立的民事主体

3. [单选] 企业是以（　　）为目的，实行自主经营、自负盈亏、独立核算、自我约束的法人实体和市场竞争主体。
   A. 资产
   B. 订单
   C. 营利
   D. 收入

4. [多选] 关于企业社会目标与经济目标关系的表述，正确的有（　　）。
   A. 两者是互为条件的关系
   B. 利润是企业满足社会需要的重要前提
   C. 满足社会需要是企业发展的重要条件
   D. 两者是相互排斥的关系
   E. 两者是相互补充的关系

▼ **考点**：企业的基本职能

5. [单选] 企业营销职能的核心活动是（　　）。
   A. 对生产运营系统的设计与维护
   B. 围绕资金展开的管理活动
   C. 识别和创造市场需求、推广和销售产品
   D. 获取和开发企业的人力资源

6. [单选] 人力资源职能的目标是（　　）。
   A. 保持企业竞争力
   B. 实现企业价值最大化
   C. 满足和创造客户需求
   D. 建立和谐劳动关系

✎ 学习笔记

Day 2

▼ 考点：企业的类型

1. [单选] 若干独立企业法人所组成的、具有紧密联系的企业群体组织称为（　　）。
   A. 单一企业　　　　　　　　　　　B. 经济联合体
   C. 企业集团　　　　　　　　　　　D. 技术密集型企业

2. [单选] 按企业所属的行业划分，信用担保公司属于（　　）。
   A. 金融企业　　　　　　　　　　　B. 建筑企业
   C. 商业企业　　　　　　　　　　　D. 工业企业

3. [多选] 按企业的投资主体划分，企业的类型有（　　）。
   A. 工业企业　　　　　　　　　　　B. 商业企业
   C. 民营企业　　　　　　　　　　　D. 集体所有制企业
   E. 国有企业

4. [单选] 在股份制企业中，股东以其（　　）对企业债务承担有限责任，企业法人按照其（　　）对企业债务承担有限责任。
   A. 部分股份，部分财产　　　　　　B. 部分股份，法人财产
   C. 股份，部分财产　　　　　　　　D. 股份，法人财产

5. [单选] 按生产要素密集程度划分，产品成本中活劳动所占比重较大、资本有机构成低的企业属于（　　）。
   A. 劳动密集型企业
   B. 设备密集型企业
   C. 资金密集型企业
   D. 技术密集型企业

6. [单选] 下列属于技术密集型企业的是（　　）。
   A. 软件开发生产企业　　　　　　　B. 农业企业
   C. 化工企业　　　　　　　　　　　D. 机械工业企业

▼ 考点：企业制度的类型

7. [单选] 下列关于公司制企业的特征的说法，正确的是（　　）。
   A. 公司制企业实行无限责任制度
   B. 公司不是企业
   C. 公司不是法人
   D. 公司具有联合性

8. [多选] 公司法人财产具有（　　）。
   A. 整体性　　　　　　　　　　　　B. 连续性
   C. 稳定性　　　　　　　　　　　　D. 持久性
   E. 比例性

✓ **考点：** 现代企业制度和中国特色的现代企业制度

9. ［多选］现代企业制度的基本特征包括（　　）。
    A. 产权清晰
    B. 人员素质
    C. 政企分开
    D. 权责明确
    E. 管理科学

10. ［多选］在现代企业制度的产权关系中，出资者的权利包括（　　）。
    A. 产品定价权
    B. 资产收益权
    C. 经营管理权
    D. 重大决策权
    E. 选择管理权

11. ［单选］现代企业制度的核心是（　　）。
    A. 产权清晰
    B. 管理科学
    C. 有限责任制度
    D. 产权制度

12. ［多选］国有企业改革各项管理制度主要包括（　　）。
    A. 建立国有企业领导人员分类分层管理制度
    B. 实行与社会主义市场经济相适应的企业薪酬分配制度
    C. 深化企业内部用人制度改革
    D. 切实加强企业管理，重视企业发展战略研究
    E. 实现共同富裕

✎ **学习笔记**

Day 3

考点：企业的社会责任

1. [单选] 企业在遵守、维护和改善社会秩序，保护和改善社会福利方面所承担的职责和义务，属于企业的（　　）。
   A. 经济责任　　　　　　　　　B. 法律责任
   C. 社会责任　　　　　　　　　D. 行为规范

2. [单选] 承担社会责任是（　　）。
   A. 企业的生存之道　　　　　　B. 企业的经营目标
   C. 企业协调外部关系的基础　　D. 企业产生的根本原因

3. [多选] 承担企业社会责任对企业的有利作用包括（　　）。
   A. 有助于增强客户忠诚度
   B. 有助于增强对人才的吸引力
   C. 有助于改善监管环境
   D. 有助于降低市场壁垒
   E. 有助于降低生产成本

4. [多选] 企业的利益相关者包括（　　）。
   A. 投资者
   B. 消费者
   C. 同业竞争者
   D. 政府
   E. 企业观察者

5. [单选] 某企业经常捐助当地希望小学、福利院，开展社会公益活动，在当地树立了良好的企业形象，也吸引了当地的各类人才加入，这体现了企业承担社会责任对企业（　　）的作用。
   A. 增强顾客忠诚度
   B. 增强对人才的吸引力
   C. 减少招聘成本
   D. 改善监管环境

题目讲解

✎ 学习笔记

Day 4

考点：企业管理的基本性质

1. [单选] 企业管理的两重性是指自然属性和（　　）。
   A. 经济属性
   B. 文化属性
   C. 社会属性
   D. 政治属性

2. [单选] 企业管理的两重性是由（　　）决定的。
   A. 社会制度两重性
   B. 生产过程两重性
   C. 生产目的两重性
   D. 企业属性两重性

3. [单选] 关于企业管理的性质，下列说法错误的是（　　）。
   A. 企业管理具有自然属性和社会属性两重性
   B. 企业管理的自然属性是社会化大生产的必要条件
   C. 企业管理的社会属性主要取决于社会生产关系的性质
   D. 企业管理的社会属性发挥着合理组织生产力的作用

考点：企业管理的主要职能

4. [多选] 下列属于企业管理主要职能的有（　　）。
   A. 计划职能
   B. 控制职能
   C. 组织职能
   D. 领导职能
   E. 惩戒职能

5. [单选] 检查、监督企业活动的实际进展情况，及时发现偏差，分析原因并纠正的企业管理职能称为（　　）。
   A. 计划职能
   B. 领导职能
   C. 组织职能
   D. 控制职能

6. [单选] 根据实现企业目标的需要，进行组织设计，确定合理的组织结构，并适应环境变化推动组织变革的企业管理职能称为（　　）。
   A. 领导职能
   B. 计划职能
   C. 控制职能
   D. 组织职能

7. ［单选］企业管理者制定企业的目标和决定为实现目标所要采取的行动，这体现了企业管理的（　　）职能。
   A. 领导　　　　　　　　　　　　B. 组织
   C. 控制　　　　　　　　　　　　D. 计划

✎ 学习笔记

Day 5

▼ 考点：标准化工作

1. [单选] 企业标准中的生产组织标准属于（　　）。
   A. 产品标准	B. 工作标准
   C. 技术标准	D. 管理标准

2. [单选] 标准化是以制定和贯彻标准为主要内容的内部活动过程。按照性质划分，企业的标准不包括（　　）。
   A. 技术标准	B. 管理标准
   C. 安全标准	D. 工作标准

3. [单选] 在企业制定的技术标准中，最基本和具有指导意义的是（　　）。
   A. 基础标准	B. 方法标准
   C. 安全标准	D. 产品标准

4. [单选] 产品质量要求属于（　　）。
   A. 基础标准	B. 工作标准
   C. 方法标准	D. 产品标准

▼ 考点：定额工作

5. [多选] 下列属于定额工作的有（　　）。
   A. 流动资金定额	B. 费用定额
   C. 期量标准	D. 工作标准
   E. 管理标准

6. [单选] 在一定生产技术组织条件下，单台设备单位时间的产量标准称为（　　）。
   A. 设备维修定额	B. 设备利用定额
   C. 设备寿命定额	D. 设备设计定额

7. [单选] （　　）是指在一定的生产技术组织条件下，对产品的生产过程所制定的有关时间和数量方面的标准。
   A. 时间标准	B. 期量标准
   C. 时间定额	D. 数量定额

▼ 考点：计量工作

8. [单选] 企业计量管理的目的是保证（　　）的统一。
   A. 规格	B. 型号
   C. 量值	D. 标准

9. [多选] 在企业管理的各项基础工作中，计量工作的主要内容有（　　）。
   A. 计量目标	B. 计量技术
   C. 计量过程	D. 计量定额
   E. 计量管理

10. ［单选］在计量管理中，对尺、衡器、电度表等计量器具的管理称为（　　）。
    A. 商业计量管理　　　　　　　　　B. 工业计量管理
    C. 行政计量管理　　　　　　　　　D. 法制计量管理

✏️ 学习笔记

本章学习检查表

知识点名称	初次学习		第一次复习		第二次复习	
	做对题目数/总题目数	学习日期	做对题目数/总题目数	复习日期	做对题目数/总题目数	复习日期
企业的概念与目标						
企业的基本职能						
企业的类型						
企业制度的类型						
现代企业制度和中国特色的现代企业制度						
企业的社会责任						
企业管理的基本性质						
企业管理的主要职能						
标准化工作						
定额工作						
计量工作						

填写建议：

"做对题目数/总题目数"记录自己各知识点做题的情况，比如，某知识点总题目数10题，自己做对了其中7题，记录为7/10。

"学习日期"和"复习日期"记录自己学习和复习各知识点的日期。

备忘录

参考答案及解析

Day 1

1. D [解析] 企业不同于政府部门、事业单位和社会团体，也不是政府的分支机构和附属物，它是以追求经济效益、获取利润为目的，能够独立为社会提供产品和服务的经济实体。

2. C [解析] 企业是独立的经济实体。企业不同于政府部门、事业单位和社会团体，也不是政府的分支机构，它以追求经济效益、获取利润为目的。

3. C [解析] 企业是以营利为目的，运用各种生产要素（如土地、劳动力、资本、技术、信息等），依法从事生产、流通和服务等满足社会需要的经济活动，实行自主经营、自负盈亏、独立核算、自我约束的法人实体和市场竞争主体。

4. ABCE [解析] 企业的社会目标和经济目标并非相互排斥，而是互为条件、相互补充的。首先，利润是企业满足社会需要程度的标志；其次，利润也是企业满足社会需要的一个重要前提；最后，满足社会需要是企业生存和发展的重要条件。因此，获取利润与满足社会需要是相辅相成的。

5. C [解析] 营销职能的核心活动是识别和创造市场需求、推广和销售产品或服务。A项是生产运营职能，B项是财务职能，D项是人力资源职能的核心活动。

6. D [解析] 人力资源职能的目标是充分吸引和开发人力资源，发挥其最大潜能，建立和谐劳动关系。A项是研发职能的目标，B项是财务职能的目标，C项是营销职能的目标。

Day 2

1. C [解析] 企业集团是在经济联合的基础上组建起来的，具有较紧密联系的企业群体组织，其核心是技术、经济和资金实力较雄厚的集团公司。其主要特点是：企业集团是以资产为纽带联结起来的若干独立企业法人所组成的集合体，是独立核算企业的复合型组织；集团成员可分为核心层、紧密层、松散层的多层次结构，在经营上共担风险，在利益上共负盈亏。

2. A [解析] 金融企业是向社会提供货币流通、资金周转、信托投资、信用担保以及提供股票、有价证券交易等服务的企业。随着市场经济的深入发展，金融企业对国民经济发展的作用越来越突出。

3. CDE [解析] 按企业投资主体的不同，可以将企业分为以下几类：①国有企业；②集体所有制企业；③股份制企业；④民营企业。

4. D [解析] 股份制企业是通过股东投资对生产经营要素实行社会占有与联合使用，从事生产经营活动并按投资入股份额参与企业管理和分配的一种企业组织形式。股东以其股份对企业债务承担有限责任，企业法人按照其法人财产对企业债务承担有限责任。

5. A [解析] 劳动密集型企业是指产品成本中活劳动所占比重较大、资本有机构成低的企业，如一些生产环节较多的纺织企业、轻工企业等。

6. A [解析] 技术密集型企业是指综合运用先进科学技术成果，中、高级技术和科研人员在员工中所占比重较大，科研时间和产品开发费用投入较高，能生产高、精、尖产品的企业。

> **●考点再现**
>
> Q_{5-6} 按生产要素密集程度划分企业，即根据企业拥有资源的性质和资源在产品成本中所占比重对企业予以分类。企业可以划分为以下几类。
>
> （1）劳动密集型企业。
>
> 劳动密集型企业是指产品成本中活劳动所占比重较大、资本有机构成低的企业，如一些生产环节较多的纺织企业、轻工企业等。
>
> （2）资金密集型企业。
>
> 资金密集型企业是指投资大、技术装备程度较高、产品成本中劳动力比重小的企业，如机械工业企业、化工企业等。
>
> （3）技术密集型企业。
>
> 技术密集型企业是指综合运用先进科学技术成就，中、高级技术和科研人员在员工中所占比重较大，科研时间和产品开发费用投入较高，能生产高、精、尖产品的企业，如航空工业企业、软件开发生产企业等。

7. D ［解析］公司制企业实行有限责任制度，A 项错误。公司是企业，B 项错误。公司是法人，C 项错误。

8. ABC ［解析］公司法人财产具有整体性、稳定性和连续性。

9. ACDE ［解析］现代企业制度的基本特征可以概括为产权清晰、权责明确、政企分开、管理科学。

10. BDE ［解析］现代企业制度的特征是产权清晰、权责明确、政企分开、管理科学。其中权责明确包括：①企业法人的权利是以全部法人财产，依法自主经营；责任是自负盈亏，向国家缴纳税款，并对出资者投资形成的财产保值增值。②出资者享有有限权利和承担有限责任。有限权利是指按投入企业的资本享有所有者权益及资产收益权、重大决策权和选择管理权等权利；有限责任是在企业破产时，只以其投入企业的资本额对企业债务负有限责任。

11. D ［解析］现代企业制度以产权制度为核心，以有限责任制度为保证，以现代公司制企业为主要形式。

12. ABCD ［解析］国有企业改革各项管理制度主要包括：①建立国有企业领导人员分类分层管理制度；②实行与社会主义市场经济相适应的企业薪酬分配制度；③深化企业内部用人制度改革；④切实加强企业管理，重视企业发展战略研究，健全和完善各项规章制度，从严管理企业，狠抓薄弱环节，广泛采用现代管理技术、方法和手段，提高经济效益。

Day 3

1. C ［解析］企业的社会责任是指企业在遵守、维护和改善社会秩序，保护和增加社会福利方面所承担的职责和义务。

2. C ［解析］承担社会责任是企业协调外部关系的基础。

3. ABCD ［解析］承担社会责任会在短期内增加企业的支出，从而减少企业的利润，对其经营活动产生较大的压力，E项错误。
4. ABCD [解析] 企业的利益相关者包括政府、投资者、消费者、供应商、员工、同业竞争者、社区和新闻媒体等。
5. B [解析] 企业承担社会责任对企业的有利作用包括：①增强顾客忠诚度；②增强对人才的吸引力（由题干中关键词"吸引"可知）；③改善监管环境；④降低市场壁垒。

Day 4

1. C [解析] 企业管理具有两重性，即自然属性和社会属性。自然属性主要取决于生产力发展水平和劳动社会化程度。社会属性主要取决于社会生产关系的性质。
2. B [解析] 企业管理的两重性是由生产过程的两重性决定的。企业的生产过程是生产力和生产关系的统一体，它一方面是物质资料的再生产过程，另一方面又是生产关系的再生产过程。
3. D [解析] 企业管理的自然属性，是社会化大生产的必要条件，是社会生产过程的一般要求，发挥着合理组织生产力的作用，D项错误。
4. ABCD [解析] 企业管理的主要职能有计划职能、组织职能、领导职能和控制职能。计划、组织、领导、控制这四项主要职能分别回答了一个企业要做什么、如何做、怎样做得更好以及做得怎么样四个基本问题。这四项主要职能是相互联系、相互制约的。
5. D [解析] 控制职能是指领导者检查、监督企业活动的实际进展情况，及时发现偏差，分析原因并纠正，确保企业目标顺利实现的过程。控制与计划的关系非常密切，控制要以计划为依据，而计划要靠控制来保证实现。
6. D [解析] 组织职能就是根据实现企业目标的需要，决定如何对企业的活动和资源进行组合。具体来说，组织职能是指根据实现企业目标需要，进行组织设计，确定合理的组织结构，并适应环境变化推动组织变革，使企业组织高效运行。
7. D [解析] 计划职能是企业管理者制定企业的目标和决定为实现目标所要采取的行动。因此，计划就是确定企业做什么（目标）和怎么做（行动方案）的过程。

●考点再现

Q_{4-7} 企业管理的主要职能。

(1) 计划职能。计划职能是指企业管理者制定企业的目标和决定为实现目标所要采取的行动。因此，计划就是确定企业做什么（目标）和怎么做（行动方案）的过程。计划工作的水平决定着企业绩效的高低。

(2) 组织职能。组织职能就是根据实现企业目标的需要，决定如何对企业的活动和资源进行组合。具体来说，组织职能是指根据实现企业目标需要，进行组织设计，确定合理的组织结构，并适应环境变化推动组织变革，使企业组织高效运行。

(3) 领导职能。领导职能是指管理者利用企业所赋予的职权和自身拥有的影响力对被管理者施加影响，使其愿意接受管理者所赋予的目标或任务，并积极去实现或完成的过程。

领导职能的作用有：指挥作用、激励作用、协调作用、沟通作用、变革作用。

(4) 控制职能。控制职能是指领导者检查、监督企业活动的实际进展情况，及时发现偏差，分析原因并纠正，确保企业目标顺利实现的过程。

Day 5

1. D [解析] 管理标准是指对企业重复出现的管理业务和工作责任，按有效利用时间，提高工作效率的要求，对工作程序、工作方法、工作职责和制度所做的统一规定，包括生产组织标准、技术管理标准、经济管理标准等。

2. C [解析] 按性质划分，企业的标准主要包括技术标准、管理标准、工作标准。C项，安全标准是技术标准的细分项。

3. A [解析] 技术标准包括产品标准、方法标准、基础标准和安全与环境标准。基础标准是针对一般共性问题，根据最普遍的规律制定的基础规则，是生产技术活动中最基本的具有指导意义的标准。

4. D [解析] 产品标准是对产品的规格、参数、质量要求、检查方法、包装运输以及售后服务等所做的统一规定，是衡量产品质量的主要依据。

5. ABC [解析] 由于企业占用、消耗的资源的具体形式不同，企业的定额表现形式也多种多样，按内容不同可分为以下几种定额：劳动定额、设备定额、物资定额、流动资金定额、费用定额、期量标准。工作标准和管理标准均为按性质划分的企业标准。

6. B [解析] 设备定额分为设备利用定额和设备维修定额。设备利用定额是指在一定生产技术组织条件下，单台设备单位时间的产量标准。

7. B [解析] 期量标准是指在一定的生产技术组织条件下，对产品的生产过程所制定的有关时间和数量方面的标准。

8. C [解析] 计量管理的目的是保证量值的统一。

9. BE [解析] 企业计量工作包括计量技术和计量管理两个部分。

10. D [解析] 计量管理可分为工业计量管理、商业计量管理、法制计量管理。其中法制计量管理是对量尺、衡器、电度表等关系到国计民生利益的单位量的管理。

本章强化测试

第二章 企业组织结构

> **学习指导**

本章主要涉及与企业组织结构相关的基本知识，包括企业组织设计、企业组织结构形式及其选择、新型企业组织模式和企业变革等相关内容。本章不属于案例题考查章节，历年考查分值在 11 分左右。

本章考查题型多为单选题和多选题，考查内容比较简单，但容易混淆。考生学习本章时应注意对比记忆，对概念应区分理解。

日期	考点
Day6	➢劳动分工与专业化 ➢管理幅度与管理层次 ➢集权、分权和授权
Day7	➢直线关系与参谋关系 ➢部门化 ➢企业组织设计的任务、依据和原则
Day8	➢企业组织结构的基本形式 ➢企业组织结构形式的选择 ➢虚拟企业组织模式 ➢战略联盟组织模式
Day9	➢学习型组织模式 ➢电子商务组织结构 ➢企业生命周期
Day10	➢企业变革的动因 ➢企业变革的先兆 ➢企业变革的类型 ➢企业变革的过程

▶▶▶ Day 6

▼ **考点**：劳动分工与专业化

1. ［单选］某电器企业对产品加工流程进行专业化改造，这种专业化是（　　）。
   A. 工艺专业化　　　　　　　　　　B. 部门专业化
   C. 零部件专业化　　　　　　　　　D. 产品专业化

2. [多选] 按照分工与专业化发展的顺序，专业化形态的类型包括（　　）。
   A. 部门专业化
   B. 产品专业化
   C. 零部件专业化
   D. 工艺专业化
   E. 工具专业化

3. [单选] 企业专门进行工具或其他工艺装备的准备、维修、运输等活动的专业化属于（　　）。
   A. 工艺专业化
   B. 产品专业化
   C. 生产服务专业化
   D. 零部件专业化

4. [单选] 根据协作的不同性质，可以将协作划分为（　　）等基本类型。
   A. 管理协作和经济协作
   B. 技术协作和产权协作
   C. 技术协作和经济协作
   D. 管理协作和专利协作

▼ 考点：管理幅度与管理层次

5. [单选] 企业管理层的数量取决于企业规模和（　　）。
   A. 外部环境的特点
   B. 企业的地理环境
   C. 企业所处的行业
   D. 企业的任务量

6. [单选] 管理幅度是指一个主管能够直接有效地指挥和监督下属的（　　）。
   A. 能力
   B. 层级
   C. 数量
   D. 职级

7. [单选] 下列关于管理层次的说法，错误的是（　　）。
   A. 管理层次是指组织中从最高主管到一般工作人员之间的不同管理层级
   B. 规模较小的组织，可采用少层次的结构
   C. 管理层次的多少，应当根据产品产量与员工数量而定
   D. 任务量较重的组织，其管理层次可以设定得多一些

▼ 考点：集权、分权和授权

8. [多选] 在企业管理实践中，授权的基本原则有（　　）。
   A. 公平授权原则
   B. 适度授权原则
   C. 适当控制原则
   D. 不可越级授权原则
   E. 视能授权原则

9. [多选] 集权与分权的主要标志包括（　　）。
   A. 决策的方法
   B. 决策的数量
   C. 决策的幅度
   D. 决策的重要性

E. 决策的控制程度

10. [单选] 对于组织管理人员来说,上级委托给下级一定的权力,使下级在一定监督之下具有决策权和行动权,这种行为是(   )。
   A. 任命   B. 聘任
   C. 分工   D. 授权

✎ 学习笔记

Day 7

▼ 考点：直线关系与参谋关系

1. [单选] 在企业组织结构中，直线关系的本质是（　　）。
A. 命令关系　　　　　　　　　　B. 合作关系
C. 协调关系　　　　　　　　　　D. 互惠关系

2. [单选] 主管人员常借助助手，利用不同助手的专业知识来补充自己知识的不足，同时协助他们开展管理工作，这些具有不同专业知识的助手通常被称为（　　）。
A. 专职人员
B. 工作人员
C. 参谋人员
D. 秘书

▼ 考点：部门化

3. [单选] 企业按照工作性质来划分管理部门，这种部门划分方法属于（　　）。
A. 区域部门化
B. 产品部门化
C. 职能部门化
D. 服务对象部门化

4. [多选] 企业部门化是将整个管理系统分解成若干相互依存的管理单位，划分的方法包括（　　）。
A. 生产部门化　　　　　　　　　　B. 过程部门化
C. 产品部门化　　　　　　　　　　D. 职能部门化
E. 区域部门化

5. [单选] 下列现代企业部门划分的类型中，有利于发挥专用设备效能、人员技能和专业知识的是（　　）组织结构。
A. 职能部门化　　　　　　　　　　B. 产品部门化
C. 区域部门化　　　　　　　　　　D. 过程部门化

6. [单选] 现代企业部门划分方法中，（　　）是指按照地理范围来划分管理部门。
A. 产品部门化　　　　　　　　　　B. 职能部门化
C. 服务对象部门化　　　　　　　　D. 区域部门化

▼ 考点：企业组织设计的任务、依据和原则

7. [单选] 企业组织设计的根本目的是（　　）。
A. 保证企业目标的实现　　　　　　B. 保证员工有工作可干
C. 保证领导的权力需要　　　　　　D. 保证企业的稳定

8. [多选] 企业组织设计的基本原则包括（　　）。
A. 统一指挥原则　　　　　　　　　B. 权责对等原则
C. 分工与协作原则　　　　　　　　D. 精简原则

E. 适度原则
9. ［多选］企业组织设计的主要依据有（　　）。
　　A. 企业库存　　　　　　　　　　B. 企业战略
　　C. 企业环境　　　　　　　　　　D. 企业技术
　　E. 企业规模

✎ 学习笔记

Day 8

▼ **考点**：企业组织结构的基本形式

1. [单选] 某企业为了进行新产品开发，从各部门抽调员工组建了一个项目组。这些员工执行日常工作任务时接受原业务部门的领导，参与项目组工作时接受项目组负责人领导。这种组织结构形式属于（ ）。

A. 事业部制 B. 职能制
C. 矩阵制 D. 直线制

2. [单选] 下列企业组织结构形式中，集权程度最高的组织结构是（ ）。

A. 直线制 B. 职能制
C. 矩阵制 D. 事业部制

3. [单选] 下列组织结构形式中，适用于产品单一、供销渠道稳定、工艺过程简单、规模较小的企业的是（ ）。

A. 直线制 B. 职能制
C. 矩阵制 D. 事业部制

4. [单选] 把众多企业联合在一起形成集团的最重要的纽带是（ ）。

A. 协作关系 B. 业务关系 C. 产权关系 D. 契约关系

▼ **考点**：企业组织结构形式的选择

5. [多选] 企业选择组织结构形式时，应考虑的因素有（ ）。

A. 企业的生产技术和工艺 B. 企业规模
C. 企业文化 D. 企业经营发展战略
E. 企业内部交通状况

6. [单选] 关于企业规模对企业选择组织结构形式影响的描述，正确的是（ ）。

A. 大规模型企业适宜采用分权型组织结构
B. 大规模型企业适宜采用集权型组织结构
C. 小规模型企业适宜采用分权型组织结构
D. 小规模型企业适宜采用事业部制组织结构

▼ **考点**：虚拟企业组织模式

7. [多选] 某互联网公司采用虚拟企业组织形式进行运营，这种企业组织模式的主要优势有（ ）。

A. 能够对市场需求做出快速反应 B. 能够快速招募销售人员
C. 能够分摊开发投资费用 D. 能够迅速垄断市场
E. 能够有效规避经营风险

8. [多选] 虚拟企业的经营方式有（ ）。

A. 虚拟物流 B. 虚拟开发
C. 虚拟销售 D. 虚拟结算
E. 虚拟管理

▼ **考点**：战略联盟组织模式

9. [单选] 下列战略联盟形式中，基于宽泛的合作纲要形成的、相对较为松散的组织模式是（　　）。
   A. 框架协议式联盟
   B. 功能协议式联盟
   C. 股权参与式联盟
   D. 合资企业式联盟

10. [单选] 加盟各企业之间没有一个稳定的中心，在组织机构的形态上呈现出一种团状结构，这种组织模式被称为（　　）。
    A. 虚拟企业组织模式
    B. 战略联盟组织模式
    C. 学习型组织模式
    D. 复合型组织模式

11. [单选] 两家或两家以上的企业为了实现共同出资、共担风险、共享收益而建立的企业属于企业战略联盟的（　　）形式。
    A. 合资企业
    B. 相互持股
    C. 产品联盟
    D. 营销联盟

12. [单选] 某战略联盟在经营的灵活性、自主权和经济效益分配等方面具有更大的优势，但企业对联盟的控制能力差，缺乏稳定性和长远利益，组织效率低下，此战略联盟是（　　）。
    A. 合资企业
    B. 相互持股
    C. 股权式战略联盟
    D. 契约式战略联盟

✎ **学习笔记**

Day 9

▼ 考点：学习型组织模式

1. [单选] 通过打破固有行为准则，探索新模式的企业组织的学习模式是（　　）。
   A. 适应性学习模式　　　　　　　　　B. 发展性学习模式
   C. 过渡性学习模式　　　　　　　　　D. 创新性学习模式

2. [单选] 通过引进技术进行模仿创新，并据此获得和保持自身竞争优势的企业组织的学习模式是（　　）。
   A. 适应性学习模式　　　　　　　　　B. 发展性学习模式
   C. 过渡性学习模式　　　　　　　　　D. 创新性学习模式

3. [单选] 通常情况下，学习型组织的精神基础是（　　）。
   A. 建立共同愿景　　　　　　　　　　B. 自我超越
   C. 团队学习　　　　　　　　　　　　D. 系统思考

4. [单选] 根据彼得·圣吉的观点，学习型组织的五项修炼是指（　　）。
   A. 自我超越、改善心智模式、建立共同世界观、团队学习、系统思考
   B. 自我反省、改善心智模式、建立共同愿景、团队学习、系统思考
   C. 自我超越、改善心智模式、建立共同愿景、团队学习、线性思考
   D. 自我超越、改善心智模式、建立共同愿景、团队学习、系统思考

▼ 考点：电子商务组织结构

5. [多选] 下列属于电子商务组织结构的特点的有（　　）。
   A. 虚拟化　　　　　　　　　　　　　B. 无边界化
   C. 柔性化　　　　　　　　　　　　　D. 团队化
   E. 低成本化

6. [单选] 电子商务企业只保留在整个商务活动中具有核心竞争力的工作，其余的诸如制造、营销、配送等业务，则完全依靠社会组织或个人来完成。这体现了电子商务组织结构的（　　）特点。
   A. 虚拟化　　　　　　　　　　　　　B. 无边界化
   C. 柔性化　　　　　　　　　　　　　D. 团队化

▼ 考点：企业生命周期

7. [单选] 关于企业各生命周期阶段的管理特点，下列说法正确的是（　　）。
   A. 初创阶段管理规范化程度高
   B. 成长阶段开始引入职业经理人
   C. 成熟阶段创新意识最强
   D. 衰退阶段组织结构灵活

8. [单选] 企业在初创阶段具有的特点是（　　）。
   A. 组织结构复杂，分工明确
   B. 资源有限，创业风险较高

C. 管理规范化程度高

D. 市场份额稳定

9. ［多选］企业生命周期的发展阶段包括（　　）。

A. 初创阶段　　　　　　　　　　B. 成长阶段

C. 成熟阶段　　　　　　　　　　D. 衰退阶段

E. 重组阶段

✎学习笔记

Day 10

▽ **考点**：企业变革的动因

1. ［单选］组织变革已经成为企业生存和发展的常态活动，企业组织变革的基本原因是（　　）。
   A. 管理信息化的需要
   B. 企业领导超越自我的需要
   C. 企业组织本身发展过程中的矛盾冲突
   D. 员工职业生涯发展的需要

2. ［多选］企业组织变革的外部驱动因素包括（　　）。
   A. 技术
   B. 企业愿景
   C. 政治
   D. 经济
   E. 社会

3. ［单选］下列属于企业变革的内部驱动因素的是（　　）。
   A. 企业所在地区政治环境改变
   B. 企业目标的选择与修正
   C. 企业所在地区经济环境改变
   D. 科学技术的发展变化

▽ **考点**：企业变革的先兆

4. ［多选］企业组织变革的先兆有（　　）。
   A. 企业决策效率低下
   B. 组织职能难以正常发挥
   C. 企业沟通渠道不畅
   D. 市场占有率变小
   E. 缺乏技术创新

5. ［单选］下列选项中，不属于企业变革的先兆的是（　　）。
   A. 企业决策效率低下
   B. 企业的组织职能难以正常发挥
   C. 企业的沟通渠道顺畅
   D. 企业执行力下降

▽ **考点**：企业变革的类型

6. ［单选］按照变革的力度和解决问题的彻底程度，企业变革可以分为（　　）。
   A. 主动性变革和被动性变革
   B. 渐进式变革和激进式变革
   C. 计划性变革和突发性变革
   D. 战略性变革和战术性变革

▼ **考点**：企业变革的过程

7. ［多选］管理心理学家库尔特·卢因提出的变革模型中，企业变革经历的过程有（　　）。
   A. 解冻现状
   B. 开发过程
   C. 重新冻结
   D. 实施变革
   E. 总结阶段

✎ 学习笔记

本章学习检查表

知识点名称	初次学习		第一次复习		第二次复习	
	做对题目数/总题目数	学习日期	做对题目数/总题目数	复习日期	做对题目数/总题目数	复习日期
劳动分工与专业化						
管理幅度与管理层次						
集权、分权和授权						
直线关系与参谋关系						
部门化						
企业组织设计的任务、依据和原则						
企业组织结构的基本形式						
企业组织结构形式的选择						
虚拟企业组织模式						
战略联盟组织模式						
学习型组织模式						
电子商务组织结构						
企业生命周期						
企业变革的动因						
企业变革的先兆						
企业变革的类型						
企业变革的过程						

填写建议：

"做对题目数/总题目数"记录自己各知识点做题的情况，比如，某知识点总题目数10题，自己做对了其中7题，记录为7/10。

"学习日期"和"复习日期"记录自己学习和复习各知识点的日期。

备忘录

参考答案及解析

Day 6

1. A [解析] 工艺专业化，即专门进行产品或零部件加工和操作的专业化。

2. ABCD [解析] 按照分工与专业化发展的顺序，第一种专业化形态是部门专业化，第二种是产品专业化，第三种是零部件专业化，第四种是工艺专业化，第五种是生产服务专业化。

3. C [解析] 生产服务专业化指处于直接生产过程之外、为生产过程服务的职能的专业化，表现为企业专门进行工具或其他工艺装备的准备、维修、运输等服务活动。

4. C [解析] 根据协作的不同性质，可以将协作划分为技术协作和经济协作两种基本类型。

5. D [解析] 在一个特定的组织中，管理层次的多少应当根据组织的任务量与组织规模的大小而定。规模较大和任务量较重的组织，其管理层次可以设定得多一些，否则宜采用少层次的结构。

6. C [解析] 管理幅度是指一个主管能够直接有效地指挥和监督下属的数量。一个组织合理的管理幅度总是受到行业特点、人员素质、工作性质、环境特征等多项因素的影响。

7. C [解析] 在一个特定的组织中，管理层次的多少应当根据企业任务量和企业规模的大小而定。C项错误。

8. BCDE [解析] 授权的基本原则包括：①视能授权原则；②明确授权范围原则；③不可越级授权原则；④适度授权原则；⑤适当控制原则。

9. BCDE [解析] 组织的集权或分权程度总是根据各管理层次拥有的决策权的情况来确定。集权与分权的主要标志包括：①决策的数量；②决策的幅度；③决策的重要性；④对决策的控制程度。

10. D [解析] 授权是指上级委托给下级一定的权力，使下级在一定的监督之下，具有相当的决策权和行动权。

Day 7

1. A [解析] 直线关系是上级指挥下级的关系，其实质上是一种命令关系。

2. C [解析] 主管人员常借助助手，利用不同助手的专业知识来补充自己知识的不足，同时协助他们开展管理工作，这些具有不同专业知识的助手通常被称为参谋人员。

3. C [解析] 按工作职能划分部门是大多数企业采用的一种部门划分方法。职能部门化遵循了专业化的原则，以企业工作或任务的性质作为部门划分的基础，并按照这些工作或任务在企业中的重要程度，分为主要职能部门和从属部门。

4. BCDE [解析] 现代企业部门划分的主要方法有职能部门化、产品部门化和区域部门化，还可以根据具体情况采用服务对象部门化、过程部门化、综合部门化等方法。

5. B [解析] 产品部门化是指根据产品来设立管理部门，划分管理单位。其优点是有利于发挥专用设备效益，发挥人员的技能和专业知识，同时有利于部门内的协调，以及产品的增长和发展。缺点是要求更多的人具有全面管理的能力，同时增加了主管部门控制、协调的难度。

6. D [解析] 区域部门化是指按照地理范围来划分管理部门。

7. A [解析] 企业组织设计的根本目的是保证企业目标的实现，使企业活动的每一项内容都能落实到具体的岗位和部门。

8. ABCD [解析] 企业组织设计原则包括统一指挥原则、权责对等原则、分工与协作原则、精简原则。

9. BCD [解析] 企业组织设计的主要依据包括：①企业战略；②企业环境；③企业技术；④企业发展阶段。

Day 8

1. C [解析] 矩阵制，又叫目标规划管理制，其特点是既有按垂直管理要求设置的纵向组织结构，又有按规划项目（产品、工程项目）划分的横向组织结构，两者结合，形成一个矩阵，用数学中的概念叫"矩阵结构"。横向系统的项目小组所需工作人员是从各业务部门抽调的，他们受双重领导，即在执行日常工作任务方面接受原属业务部门的领导，当参与项目小组工作时则接受项目负责人的领导。每个项目小组都不是固定的，一旦任务完成后，项目小组就撤销，工作人员仍然回原部门工作。

2. A [解析] 直线制，又叫单线制，它是工业经济发展初期所采用的一种简单的组织形式。其特点是从最高管理层到最低管理层，上下垂直领导，各级领导者执行统一指挥和管理职能，不设专门的职能管理机构。B、C、D三项组织结构集权程度均小于直线制。

3. A [解析] 直线制的优点是结构简单、权责分明、指挥与命令统一、联系简捷、决策迅速、用人较少、费用较低、工作效率较高。其缺点是没有专业的职能机构和人员做领导的助手，要求企业领导者通晓各种业务，成为全能人物。因此，一旦生产规模扩大，产品结构复杂化，企业领导者势必顾此失彼，难以应付。直线制适合那些产品单一、供销渠道稳定、工艺过程简单、规模较小的企业。

4. C [解析] 企业集团是多个企业的联合体。它的特点是：①企业集团有核心企业；②企业集团的联合是多层次的；③产权关系是把众多的企业联合在一起形成企业集团的最重要的纽带。

5. ABCD [解析] 企业组织结构形式的选择应考虑与企业生产经营直接相关的若干要素，包括：①企业的生产技术和工艺；②企业规模；③企业经营发展战略；④企业所处的环境；⑤企业文化。

6. A [解析] 大型和特大型企业要获得规模效益，应建立分权型组织系统。小型和微型企业组织简单，通常实行直线式管理，集权程度较高。

7. ACE [解析] 虚拟企业的主要优势包括应对市场的需求反应迅速、具备最优化的技术解决方案、能够分摊开发投资费用、能有效规避经营风险。

8. BCDE [解析] 虚拟企业的经营方式包括：①虚拟制造：把分散在各地的部门、企业组成虚拟工厂，可以协调、控制生产活动；②虚拟开发：共享对方优势资源；③虚拟销售：使下属公司成为独立法人资格的销售公司或将销售业务委托给专业销售公司；④虚拟结算：将各地的数据通过网络汇总进行结算；⑤虚拟管理：将一部分管理职能交外部公司完成，常见的有财务管理外包或人力资源管理外包等；⑥虚拟服务：将部分生产服务性或非生产服务性业务外包，如信息技术业务外包、后勤外包等。

9. A [解析] 框架协议式联盟是指战略联盟在开始时只有很宽泛的合作纲要，然后在合作过程中补充具体产品、技术或某一领域的合作合同而形成的联盟。随着业务的纵深发展，合作合同的内容趋于细致。

10. B [解析] 战略联盟组织模式是指两个或两个以上的企业为了实现资源共享、风险和成本共担、优势互补等特定战略目标,在保持自身独立性的同时,通过股权参与或契约联结的方式,建立较为稳固的合作伙伴关系,并在某些领域采取协作行动,从而实现双赢或多赢目的的一种组织形式。加盟战略联盟的各个企业之间并没有一个稳定的中心,在组织机构的形态上呈现出一种团状结构,因此,也可以将其称作团簇型组织模式。

11. A [解析] 股权式战略联盟是指通过合资或相互持股等股权交易形式构建的企业战略联盟,主要可分为两种形式,即合资企业和相互持股。合资企业形式是指两家或两家以上的企业为实现共同出资、共担风险、共享收益而建立的企业形式。相互持股形式是指合作各方为加强相互联系而持有对方一定数量的股份。

12. D [解析] 契约式战略联盟是指主要通过契约交易形式构建的企业战略联盟,常见的形式有技术开发与研究联盟、产品联盟、营销联盟、产业协调联盟。相较于股权式战略联盟,契约式战略联盟在经营的灵活性、自主权和经济效益分配等方面具有更大的优势,但其缺点在于:企业对联盟的控制能力差,松散的组织结构缺乏稳定性和长远利益,联盟内成员之间的沟通不充分,组织效率低下等。

Day 9

1. D [解析] 创新性学习模式以全新性发明或采用新技术作为突破点,进行系统性的重构,积极地对外部环境作出反应。为此,必须打破习惯于固有行为准则和依赖过去经验的惯性,勇于否定过去,不断探索和确立新的工作模式。

2. A [解析] 该模式特点既可以降低技术开发保险,又可以降低市场开发风险,并据此取得和保持自身的竞争优势,这属于适应性学习模式。

> **● 考点再现**
>
> Q_{1-2} 企业组织的学习模式包括4种。
> (1) 适应性学习模式——通过引进技术进行模仿创新。
> (2) 发展性学习模式——加强自身研发,渐进创新。
> (3) 过渡性学习模式——新旧技术更替时期,探索战略性转变。
> (4) 创新性学习模式——打破固有行为准则,探索新的模式。

3. B [解析] 学习型组织的五项修炼包括:①自我超越。它被认为是"学习型组织的精神基础"。②改善心智模式。③建立共同愿景。共同愿景为组织成员的学习提供了焦点与能量。④团队学习。团队学习是一种最基本的修炼方式,也是最重要的修炼方式。⑤系统思考。

4. D [解析] 学习型组织的五项修炼包括自我超越、改善心智模式、建立共同愿景、团队学习、系统思考。

5. ABCD [解析] 电子商务组织结构的特点包括团队化、扁平化、柔性化、网络化、虚拟化、无边界化。

6. A [解析] 电子商务企业的组织结构虚拟化是指企业只保留在整个商务活动中具有核心竞争力的工作,其余的如制造、营销、配送等业务,则完全依靠社会组织或个人来完成。

7. B [解析] 初创阶段管理非规范化,A项错误。成熟阶段创新意识有所减弱,C项错误。衰退阶段组织结构僵化,D项错误

8. B [解析] 初创阶段组织结构简单，分工不明确，A项错误。初创阶段管理非规范化，C项错误。初创阶段正在积累初始用户，市场份额不稳定，D项错误。

9. ABCD [解析] 企业生命周期是指一个企业的初创、成长、成熟直至最后衰退的过程。

Day 10

1. C [解析] 企业组织变革的基本原因在于企业自身发展过程中的矛盾冲突。

2. ACDE [解析] 企业变革的外部驱动因素包括技术、政治、法律、经济和社会。

3. B [解析] 企业变革的内部驱动因素包括企业目标的选择与修正、组织职能的转变和企业成员内在动机与需求的变化。

4. ABCE [解析] 企业变革的先兆主要包括以下八个方面：①企业决策效率低下；②企业执行力下降；③企业的组织职能难以正常发挥；④企业的沟通渠道不畅；⑤企业缺乏创新；⑥销售量下降与客户流失；⑦财务状况恶化；⑧员工流失严重。

5. C [解析] 企业变革的先兆主要包括以下八个方面：①企业决策效率低下；②企业执行力下降；③企业的组织职能难以正常发挥；④企业的沟通渠道不畅；⑤企业缺乏创新；⑥销售量下降与客户流失；⑦财务状况恶化；⑧员工流失严重。

6. B [解析] 按照变革的力度和解决问题的彻底程度，企业变革分为渐进式变革和激进式变革，B项正确。A项是企业按照变革主体与环境的互动关系进行的分类。C、D两项为干扰项。

7. ACD [解析] 管理心理学家库尔特·卢因提出了变革模型，把企业变革的基本过程划分为解冻现状、实施变革、重新冻结三个阶段。

本章强化测试

第三章 市场营销管理

> **学习指导**
>
> 本章主要涉及市场营销管理一般过程、市场调查的方式与方法、市场预测方法等相关内容。本章属于案例题重点考查章节，历年考查分值在 20 分左右。
>
> 本章每年都会涉及案例题目，计算题目主要集中在"市场预测方法"方面，题目稍有难度，需要多学习并积极分析思考，反复做练习题目。考生复习时，对于一些重点概念必须以教材为基础，结合出题规律进行理解和记忆。

日期	考点
Day11	➤市场调研分析
Day12	➤市场营销战略设计
Day13	➤市场营销组合设计
Day14	➤市场调查概述 ➤市场调查方式
Day15	➤市场调查方法
Day16	➤市场预测概述 ➤定性市场预测方法
Day17	➤定量市场预测方法

▶ Day 11

考点：市场调研分析

1. ［单选］棉花、小麦等行业属于（　　）行业。
   A. 垄断竞争　　　　　　　　　　B. 完全垄断
   C. 不完全寡头垄断　　　　　　　D. 完全竞争

2. ［单选］自来水、电力等公共行业属于（　　）行业。
   A. 垄断竞争　　　　　　　　　　B. 完全垄断
   C. 不完全寡头垄断　　　　　　　D. 完全竞争

3. ［多选］下列属于影响消费者购买决策的因素的有（　　）。
   A. 成本因素　　　　　　　　　　B. 竞争因素
   C. 个体因素　　　　　　　　　　D. 环境因素
   E. 市场营销因素

4. [多选] 下列选项中,属于组织市场的类型的有( )。
   A. 生产者市场
   B. 中间商市场
   C. 非营利性组织市场
   D. 消费者市场
   E. 政府市场

5. [单选] 某物流公司专门为医院提供药品和医用物资的运输服务,该公司市场利基者战略的实现途径属于( )。
   A. 产品特色专业化
   B. 产品线专业化
   C. 最终用户专业化
   D. 顾客规模专业化

6. [单选] 按照消费者市场购买行为分类,消费者对品牌差异大、功效近似的产品,不愿多花时间进行选择而随意购买的一种行为,属于( )。
   A. 复杂的购买行为
   B. 减少失调感的购买行为
   C. 寻求多样化的购买行为
   D. 习惯性的购买行为

7. [单选] 按照消费者市场购买行为分类,消费者在购买某产品的时候高度参与,并且了解现有商品各品牌之间具有的显著差异,属于( )。
   A. 复杂的购买行为
   B. 减少失调感的购买行为
   C. 寻求多样化的购买行为
   D. 习惯性的购买行为

8. [单选] 某消费者打算购买一双球鞋,在品牌甲和品牌乙之间进行选择,则品牌甲和品牌乙属于( )。
   A. 欲望竞争者
   B. 属类竞争者
   C. 商品形式竞争者
   D. 品牌竞争者

9. [单选] 某企业在相关商品市场上占有率最高并且在价格变动、新商品开发、分销渠道的拓展和促销等方面处于主宰地位,此企业采取了( )。
   A. 市场领导者战略
   B. 市场挑战者战略
   C. 市场追随者战略
   D. 市场利基者战略

学习笔记

Day 12

考点： 市场营销战略设计

1. [单选] 某服装公司将消费者细分为婴幼儿、青少年和中老年，该公司市场细分依据的变量是（　　）。
   A. 地理变量
   B. 心理变量
   C. 行为变量
   D. 人口变量

2. [多选] 下列属于市场细分的标准的有（　　）。
   A. 地理变量
   B. 心理变量
   C. 行为变量
   D. 人口变量
   E. 环境变量

3. [单选] 某企业按照人口密度划分为不同的细分市场，该企业采用的细分方法属于（　　）。
   A. 环境细分
   B. 心理细分
   C. 地理细分
   D. 行为细分

4. [单选] 某企业把整个市场看成一个目标市场，只向市场投放一种产品，通过大规模分销和大众化广告推销产品。这种目标市场策略属于（　　）。
   A. 无差异性营销策略
   B. 集中性营销策略
   C. 差异性营销策略
   D. 市场组合营销策略

5. [单选] 某企业决定同时为几个细分市场服务，设计不同的商品，并在渠道、促销和定价方面都加以相应的改变，以适应各个细分市场的需要。这种目标市场策略属于（　　）。
   A. 无差异性营销策略
   B. 集中性营销策略
   C. 差异性营销策略
   D. 市场组合营销策略

6. [多选] 下列属于市场定位战略的有（　　）。
   A. 产品差别化战略
   B. 服务差别化战略
   C. 人员差别化战略
   D. 形象差别化战略
   E. 价格差别化战略

7. [单选] 某手机企业为了提高竞争力，与该行业内顶尖企业"对着干"，选择与现有竞争者重合的市场位置，与竞争对手争夺同样的消费者，该手机企业的市场定位方式为（　　）。
   A. 回避定位方式
   B. 对峙定位方式
   C. 重新定位方式
   D. 产品线定位方式

8. ［单选］某服装企业只生产儿童服装，供应儿童顾客群体，进行集中营销，该企业的目标市场选择模式属于（   ）模式。
   A. 产品-市场集中化
   B. 选择专业化
   C. 市场专业化
   D. 产品专业化

✐学习笔记

Day 13

▼ **考点**：市场营销组合设计

1. [多选] 下列产品构成要素中，属于延伸产品的有（　　）。
   A. 产品包装　　　　　　　　　　　B. 保证
   C. 安装　　　　　　　　　　　　　D. 维修
   E. 产品品牌

2. [单选] 消费者购买冰箱的目的是制冷，因此，制冷功能就是冰箱的（　　）。
   A. 核心产品　　　　　　　　　　　B. 延伸产品
   C. 形式产品　　　　　　　　　　　D. 潜在产品

3. [多选] 根据渠道宽度不同划分，分销渠道分为（　　）。
   A. 独家分销　　　　　　　　　　　B. 联合分销
   C. 多级分销　　　　　　　　　　　D. 选择分销
   E. 密集分销

4. [多选] 下列产品定价方法中，属于竞争导向定价法的有（　　）。
   A. 差别定价法
   B. 随行就市定价法
   C. 认知价值定价法
   D. 盈亏平衡定价法
   E. 投标定价法

5. [单选] 某知名首饰企业研发出一种新型首饰，在给新产品定价的时候，适用（　　）策略。
   A. 尾数定价　　　　　　　　　　　B. 声望定价
   C. 招徕定价　　　　　　　　　　　D. 分档定价

6. [单选] 甲企业建立了分销渠道，首先将产品销售给批发商，再由批发商销售给零售商，最后由零售商销售给消费者。甲企业所建立的分销渠道的类型是（　　）。
   A. 零阶渠道　　　　　　　　　　　B. 一阶渠道
   C. 二阶渠道　　　　　　　　　　　D. 三阶渠道

7. [单选] 某企业生产了一种新型空调，该企业拟建立营销渠道，只选择一家销售商代理该种空调的销售。该企业采用的渠道商选择策略为（　　）。
   A. 一层渠道　　　　　　　　　　　B. 密集分销
   C. 独家分销　　　　　　　　　　　D. 选择分销

8. [单选] 某企业密集大量地投放电视广告以吸引消费者购买其产品。该企业的促销策略属于（　　）。
   A. 无差异性营销策略
   B. 差异性营销策略
   C. 拉式策略
   D. 推式策略

9. [单选] 某企业利用人员推销和营业推广等方式，以中间商为主要促销对象，把产品推入分销渠道，最终推向市场。该企业的促销策略属于（   ）。
   A. 无差异性营销策略　　　　　　　　　　B. 差异性营销策略
   C. 拉式策略　　　　　　　　　　　　　　D. 推式策略

✏学习笔记

Day 14

考点：市场调查概述

1. [单选] 某手机企业通过市场调查，了解最新发布广告的市场反应情况。这种市场调查的内容属于对（　　）的调查。
   A. 市场需求
   B. 市场环境
   C. 市场营销因素
   D. 消费者行为

2. [多选] 下列属于市场营销因素调查内容的有（　　）。
   A. 市场需求
   B. 市场环境
   C. 渠道调查
   D. 消费者行为
   E. 产品调查

3. [单选] 某啤酒生产企业在上海地区进行市场调查，了解上海地区7月份啤酒的需求量、购买啤酒的消费者的结构，该企业市场调查的内容属于对（　　）的调查。
   A. 市场需求
   B. 市场环境
   C. 市场营销因素
   D. 消费者行为

4. [多选] 根据市场调查目的进行分类，市场调查类型包括（　　）。
   A. 描述性市场调查
   B. 文案调查
   C. 专项市场调查
   D. 探测性市场调查
   E. 全面市场调查

5. [单选] 某手机生产企业通过市场调查，了解价格与销售量、广告与销售量之间的关系，寻找影响手机销售量的主导因素。根据市场调查的目的，该企业实施的市场调查活动属于（　　）。
   A. 探测性市场调查
   B. 描述性市场调查
   C. 预测性市场调查
   D. 因果性市场调查

6. [单选] 某电视机企业通过搜集历史资料、现实资料、文献资料，从中摘取与市场调查课题有关的信息，对调查内容进行分析研究的市场调查方法是（　　）。
   A. 连续调查法
   B. 定期调查法
   C. 实地调查法
   D. 文案调查法

7. [单选] 某饮品企业通过市场调查，对果汁饮料未来的市场前景进行了研判和推断，根据市场调查的目的进行分类，该企业进行的这种市场调查属于（　　）。
   A. 描述性市场调查
   B. 探测性市场调查
   C. 因果性市场调查
   D. 预测性市场调查

8. [单选]（　　）在制定正式调查方案时，为了准确定义调查问题，发现问题的性质，获取研究问题的思路、研究框架以及方案设计中的某些难点和重点所进行的调查研究活动。
   A. 描述性市场调查
   B. 探测性市场调查
   C. 因果性市场调查
   D. 预测性市场调查

▼ 考点：市场调查方式

9. [单选] 关于抽样调查的特点，下列说法错误的是（　　）。
   A. 应用范围广泛，可以比较准确地推断总体的状况
   B. 降低市场调查成本
   C. 工作量大
   D. 节省时间

10. [单选] 2020 年，我国进行了第七次人口普查，按照调查对象划分，人口普查属于（　　）。
    A. 全面市场调查
    B. 抽样市场调查
    C. 文献调查
    D. 实验调查

11. [单选]（　　）是指对可以选择作为样本的总体单位列出的名册或排序编号，以确定总体的抽样范围和结构。
    A. 抽样集合　　　　　　　　　　　B. 全及总体
    C. 抽样总体　　　　　　　　　　　D. 抽样框

12. [单选] 假设某城市共有广告公司 5 000 家，其中大型广告公司、中型广告公司、小型广告公司的数量分别为 500 家、1 000 家、3 500 家。当抽取 100 家样本进行市场调查时，若采用分层比例抽样，应从中型广告公司中抽取样本（　　）家。
    A. 50　　　　　　　　　　　　　　B. 40
    C. 30　　　　　　　　　　　　　　D. 20

13. [单选] 某品牌汽车调查公司对该品牌汽车的客户忠诚度状况进行调查，该公司专家根据经验和知识选择 10 个城市的客户作为样本调查，则该调查为（　　）。
    A. 判断抽样　　　　　　　　　　　B. 任意抽样
    C. 配额抽样　　　　　　　　　　　D. 滚雪球抽样

14. [单选] 关于全面市场调查，下列说法错误的是（　　）。

　　A. 全面市场调查也称为市场普查

　　B. 全面市场调查的调查时点应根据各地调查情况进行差异化选择

　　C. 全面市场调查应规定统一的调查项目和指标

　　D. 全面市场调查一般比抽样市场调查时间长、费用高

15. [多选] 下列属于随机抽样方法的有（　　）。

　　A. 配额抽样　　　　　　　　　　B. 整群抽样

　　C. 等距抽样　　　　　　　　　　D. 分层抽样

　　E. 滚雪球抽样

✎ 学习笔记

Day 15

考点：市场调查方法

1. [单选] 服装生产企业的市场调查人员装扮成普通消费者进入商场调查本企业服装的销售环境、销售服务质量和消费者的购买行为。这种市场调查的方法属于（　　）。
   A. 跟踪调查法
   B. 参与型观察法
   C. 痕迹观察法
   D. 遥感观察法

2. [单选] 某牙膏企业拟订了详尽的市场调查观察提纲和记录标准，对消费者购买牙膏时的语言和行为、购买时间和购买数量进行了调查。该企业采取的市场调查方法属于（　　）。
   A. 参与型观察法
   B. 时间取样观察法
   C. 结构型观察法
   D. 事件取样观察法

3. [单选] 某牛奶公司调查员到被调查者的家中或工作单位进行访问，直接与被调查者接触，然后利用调查问卷对逐个问题进行询问，并记录对方的回答。该公司的调查方法属于（　　）。
   A. 电话访问法
   B. 拦截访问法
   C. 入户访问法
   D. 邮寄调查法

4. [单选] 有控制组的事前事后对比实验要求（　　）。
   A. 事前对实验组正常情况进行测量，实验后再测量，将两次测量结果进行比较
   B. 事前不测量，事后对实验组和控制组进行测量对比
   C. 在同一时间内，将控制组与实验组进行对比
   D. 对实验组和控制组分别进行事前事后测量，然后进行对比分析

5. [单选] 某饮品企业为调查饮品更换包装的效果，选取 A 广告公司为实验组、B 广告公司为控制组，进行控制组、实验组对比实验，实验时间为 1 个月，实验前后的月销售量数据如表 3-1 所示。

表 3-1　实验前后的月销售量数据

组别	更换包装前（箱）	更换包装后（箱）
实验组（A 广告公司）	520	650
控制组（B 广告公司）	500	610

该实验的实验变数效果为（　　）箱。
   A. 20
   B. 40
   C. 110
   D. 130

6. [单选] 某饮品企业为调查饮品更换包装的效果，选取 A 广告公司为实验组、B 广告公司为控制组，进行控制组、实验组对比实验，实验时间为 1 个月，实验前后的月销售量数据如表 3-2 所示。

表 3-2 实验前后的月销售量数据

组别	更换包装前（箱）	更换包装后（箱）
实验组（A 广告公司）	1 000	1 380
控制组（B 广告公司）	1 000	1 210

该实验的实验变数效果为（　　）箱。

A. 20　　　　　　　　　　　　　　B. 40

C. 170　　　　　　　　　　　　　 D. 180

7. ［多选］下列属于网络调查法的缺点的有（　　）。

A. 成本高　　　　　　　　　　　　B. 组织复杂

C. 速度慢　　　　　　　　　　　　D. 样本对象的局限性较大

E. 信息安全性较差

✎ 学习笔记

Day 16

考点：市场预测概述

1. [多选] 下列属于市场预测原理的有（　　）。
   A. 替代原理
   B. 类推原理
   C. 因果原理
   D. 概率原理
   E. 惯性原理

2. [单选] 采用移动平均法对产品的需求量进行预测，依据的基本原理是（　　）。
   A. 惯性原理
   B. 因果原理
   C. 类推原理
   D. 概率原理

3. [单选]（　　）在趋势外推法中得到了很好的运用。
   A. 惯性原理
   B. 因果原理
   C. 类推原理
   D. 概率原理

4. [单选] 根据事物相互之间在结构、模式、性质、发展趋势等方面客观存在着相似之处，人们可以在已知的某一事物的发展变化情况的基础上，通过（　　）推演出相似事物未来可能的发展趋势。
   A. 惯性原理
   B. 因果原理
   C. 类推原理
   D. 概率原理

5. [单选] 强调任何事物都不是孤立存在的，都与周围事物相互制约、相互促进的是（　　）。
   A. 惯性原则
   B. 因果原理
   C. 类推原则
   D. 概率原理

6. [多选] 按市场预测手段内在机理不同，市场预测可分为（　　）。
   A. 定性预测
   B. 定量预测
   C. 长期预测
   D. 国内市场预测
   E. 国际市场预测

7. [单选] 预测分为门类、大类、中类和小类预测的划分标准是（　　）。
   A. 市场预测手段内在机理
   B. 预测时间跨度
   C. 国民经济行业
   D. 市场预测的空间层次

考点：定性市场预测方法

8. [多选] 下列属于定性市场预测方法的有（　　）。
   A. 专家会议法
   B. 指标预测法
   C. 德尔菲法
   D. 联测法
   E. 季节指数法

9. [单选] 某皮鞋企业邀请有关专家对未来电子商务市场发展趋势进行预测。在专家会议中，专家围绕主题各自发表意见，每位专家均可对他人意见进行批评和质疑，最后在充分争论的前提下达成共识，形成比较一致的预测结论。该企业所采用的方法是（　　）。
   A. 头脑风暴法
   B. 交锋式会议法

C. 混合式会议法 D. 访问法

10. [单选] 某企业采用德尔菲法进行市场预测，选定 10 名专家对其研发的新产品的市场需求量进行预测，最后一轮函询的数据如表 3-3 所示。

表 3-3 最后一轮函询的数据

	专家1	专家2	专家3	专家4	专家5	专家6	专家7	专家8	专家9	专家10
预测值（万台）	120	110	90	105	115	116	128	130	135	129

若采用中位数法计算，该新产品市场需求量的预测值为（　　）万台。

A. 115.5 B. 116.0
C. 118.0 D. 120.6

✎ 学习笔记

Day 17

▽ **考点**：定量市场预测方法

1. [单选] 某产品 1—4 月份销售额依次为 200 万元、230 万元、250 万元和 300 万元，权数依次为 1、2、3、4。根据加权平均法，该产品 5 月份的销售预计为（　　）万元。
   A. 98　　　　　B. 245　　　　　C. 250　　　　　D. 261

2. [单选] 某企业空调产品 2017—2019 年销售额如表 3-4 所示（单位：万元），企业拟对 2020 年的空调销售额进行预测。

   表 3-4　某企业空调产品 2017—2019 年销售额

	第一季度	第二季度	第三季度	第四季度	合计
2017 年	200	800	1 000	400	2 400
2018 年	250	850	1 050	500	2 650
2019 年	300	1 050	1 250	600	3 200
合计	750	2 700	3 300	1 500	8 250
平均值	250	900	1 100	500	—

   该企业空调产品 2020 年预计销售额为 4 000 万元，若采用季节指数法进行预测，该企业 2020 年第三季度空调产品的销售额预测值是（　　）万元。
   A. 1 000　　　　　　　　　　　　B. 1 400
   C. 1 500　　　　　　　　　　　　D. 1 600

3. [单选] 许多产品有季节性的市场需求，如服装、空调和冷饮等。对于这类产品市场需求的预测，适宜采用（　　）。
   A. 季节指数法　　　　　　　　　B. 回归分析法
   C. 简单移动平均法　　　　　　　D. 对比类推法

4. [单选]（　　）是根据时间数列呈现出的规律性趋势向外推导，从而确定预测对象未来值的预测方法。
   A. 移动平均法　　　　　　　　　B. 对比类推法
   C. 趋势外推法　　　　　　　　　D. 德尔菲法

5. [单选] 某企业 2018—2022 年的销售情况为：2018 销售额为 110 万元、2019 年销售额为 99 万元、2020 年销售额为 109 万元、2021 年销售额为 109 万元、2022 年销售额为 108 万元，假设 2018 年至 2022 年的权重依次为 0.1、0.1、0.2、0.2、0.4。用加权算术平均法预测该企业 2023 年的销售额，可知其为（　　）万元。
   A. 107　　　　　B. 107.7　　　　　C. 107.5　　　　　D. 106

6. [案例] 为了掌握市场信息，有效安排生产营运，某空调生产企业进行了市场调查和市场预测活动。该企业进行市场调查同时采用两种方式：一是市场调查人员深入社区，到消费者家中进行访谈，了解消费者需求；二是由调查人员召集企业内、外部的相关人员，根据个人对空调的接触、认识，了解的市场信息、资料及经验，对未来市场进行判断预测。某企业空调产品 2019—2021 年销售额如表 3-5 所示（单位：万元），企业拟对 2022 年的空调销售额进行预测。

表 3-5　某企业空调产品 2019—2021 年销售额

年度	季度	第一季度	第二季度	第三季度	第四季度	合计
	2019 年	200	800	1 000	400	2 400
	2020 年	250	850	1 050	500	2 650
	2021 年	300	1 050	1 250	600	3 200
合计		750	2 700	3 300	1 500	8 250
平均值		250	900	1 100	500	—

根据以上资料，回答下列问题：

(1) 该企业采用的市场调查方法是（　　）。

A. 集合意见法　　　　　　　　　　B. 入户访问法

C. 留置调查法　　　　　　　　　　D. 文案调查法

(2) 该企业空调产品 2022 年预计销售额为 4 000 万元，若采用季节指数法进行预测，该企业 2022 年第三季度空调产品的销售额预测值是（　　）万元。

A. 1 000　　　　　　　　　　　　B. 1 400

C. 1 500　　　　　　　　　　　　D. 1 600

(3) 该企业对 2022 年的市场需求量进行预测时，可选择的定性市场预测方法是（　　）。

A. 移动平均法　　　　　　　　　　B. 趋势外推法

C. 德尔菲法　　　　　　　　　　　D. 主观概率法

(4) 若该企业采用专家判断法，则可选择的方法有（　　）。

A. 专家会议法　　　　　　　　　　B. 相关类推法

C. 德尔菲法　　　　　　　　　　　D. 集合意见法

✎ 学习笔记

本章学习检查表

知识点名称	初次学习		第一次复习		第二次复习	
	做对题目数/总题目数	学习日期	做对题目数/总题目数	复习日期	做对题目数/总题目数	复习日期
市场调研分析						
市场营销战略设计						
市场营销组合设计						
市场调查概述						
市场调查方式						
市场调查方法						
市场预测概述						
定性市场预测方法						
定量市场预测方法						

填写建议：

"做对题目数/总题目数"记录自己各知识点做题的情况，比如，某知识点总题目数10题，自己做对了其中7题，记录为7/10。

"学习日期"和"复习日期"记录自己学习和复习各知识点的日期。

备忘录

参考答案及解析

Day 11

1. D [解析] 完全竞争行业是指某一行业中存在非常多的独立卖主，每个卖主只供应市场需求量的很小一部分，他们都以相同的方式向市场提供同类的、标准化的商品。完全竞争的例子不多，棉花、小麦等行业的竞争比较接近完全竞争。

2. B [解析] 完全垄断行业是指在一定地理范围内，某行业只有一个卖主或只有一个买主的情况。完全垄断分为卖方垄断和买方垄断。例如，电力、自来水等一些公共事业行业为卖方垄断行业。

3. CDE [解析] 影响消费者购买决策的因素包括个体因素、环境因素、市场营销因素。

4. ABCE [解析] 组织市场包括生产者市场、中间商市场、非营利性组织市场、政府市场。

5. C [解析] 最终用户专业化是指企业专门为某一类的最终用户提供商品和服务实现利基战略。例如，有些物流公司专门为一些银行提供钞票运输服务。

6. C [解析] 消费者对品牌差异大、功效近似的产品，不愿多花时间进行选择，而随意购买的一种行为属于寻求多样化的购买行为。

7. A [解析] 消费者在购买某产品的时候高度参与，并且了解现有商品各品牌之间具有的显著差异属于复杂的购买行为。

8. D [解析] 满足同一需要的同种商品不同品牌之间的竞争构成品牌竞争。品牌甲和品牌乙的竞争属于品牌竞争者。

9. A [解析] 市场领导者是指在相关商品市场上占有率最高的企业。它们在价格变动、新商品开发、分销渠道的拓展和促销等方面处于主宰地位。市场领导者通常采取三种战略：①扩大市场需求总量。实现途径包括开发商品的新顾客，寻找商品的新用途，增加顾客使用量。②保护市场份额。③扩大市场份额。

Day 12

1. D [解析] 人口变量的具体内容有人口总数、人口密度、家庭户数、年龄、性别、职业、民族、文化、宗教信仰、国籍、收入、家庭生命周期等。此题中该公司按照人口的年龄划分消费者，分成婴幼儿、青少年和中老年，属于人口变量。

2. ABCD [解析] 市场细分的标准包括地理变量、心理变量、行为变量、人口变量。

3. C [解析] 地理细分是指企业按照消费者所处的地理位置、自然环境把市场上的消费者分割成不同的消费者群体的过程。具体细分变量包括国家、地区、城市规模、气候以及人口密度等。

> **考点再现**
>
> Q_{1-3} 市场细分的形式。
>
> （1）地理细分，是指企业按照消费者所处的地理位置、自然环境把市场上的消费者分割成不同的消费者群体的过程。具体细分变量包括国家、地区、城市规模、气候以及人口密度等。
>
> （2）人口细分，是指企业根据一些人口统计因素，如年龄、性别、家庭人口、家庭生命周期、收入、职业、教育、宗教、种族、国籍等把市场上的消费者分割成不同的消费者群体的过程。

(3) 心理细分，是指企业按照消费者的个性、购买动机、生活方式、利益追求等心理变量不同，把市场上的消费者分割成不同消费者群体的过程。生活方式是指一个人在生活中表现出来的活动、兴趣和看法的模式。个性反映一个人的特点、态度和习惯。

(4) 行为细分，是指企业按照消费者进入市场的程度、消费频率以及消费者对品牌的忠诚度等因素把市场上的消费者分割成不同消费者群体的过程。

4. A [解析] 无差异性营销策略即企业把整体市场看作一个大的目标市场，忽略消费者需求存在的不明显的微小差异，只向市场投放单一的商品，设计一种营销组合策略，通过大规模分销和大众化的广告，满足市场中绝大多数消费者的需求。

5. C [解析] 差异性营销战略指企业决定同时为几个细分市场服务，设计不同的商品，并在渠道、促销和定价方面都加以相应的改变，以适应各个细分市场的需要。例如，今麦郎方便面针对城市市场和农村市场的战略。

● 考点再现

Q_{4-5} 目标市场营销战略的选择。

(1) 无差异性营销战略，是指企业只注意顾客需求方面的共同点，而不管他们之间的差别，只推出一种商品，设计一种营销方案，用来吸引尽可能多的顾客。

①优势。成本方面具有经济性。

②缺点。顾客满意度低。

(2) 差异性营销战略，是指企业决定同时为几个细分市场服务，设计不同的商品，并在渠道、促销和定价方面都加以相应的改变，以适应各个细分市场的需要。

①优点。可以有针对性地满足具有不同特征的顾客群的需求。

②缺点。差异化会导致企业的生产成本和市场营销费用（如产品改进成本、生产成本、管理费用、存货成本、促销成本等）增加。

(3) 集中性营销战略，是指企业在将整体市场分割为若干细分市场后，只选择其中某一细分市场作为目标市场，为该市场开发一种商品，实行集中营销。

①优势。服务对象比较集中，容易对市场进行深入了解，而且在生产和市场营销方面实行专业化，可以比较容易地在特定市场获得有利的地位。

②缺点。目标市场范围比较狭窄，一旦市场情况突然变化，企业可能陷入困境。

6. ABCD [解析] 市场定位战略包括产品差别化战略、服务差别化战略、人员差别化战略、形象差别化战略。

7. B [解析] 回避定位方式是一种避开强有力竞争对手，将自己的品牌和商品定位于市场的"空白点"的定位思路。对峙定位方式是企业选择靠近现有竞争对手或与现有竞争者重合的市场位置，与竞争对手争夺同样的消费者，亦即与竞争对手"对着干"的定位。重新定位方式是企业改变商品特色，改变目标消费者对其原有的印象，使目标消费者对其商品形象重新认识的过程。

8. A [解析] 产品-市场集中化模式是指企业只选取一个细分市场，只生产一类商品，为某一单一的顾客群体供应商品，进行集中营销。该企业只选取儿童服装这一个细分市场，为儿童这一单一的顾客群体供应商品，所以该企业的目标市场选择模式是产品-市场集中化模式。

Day 13

1. BCD [解析] 延伸产品是指顾客购买形式产品和期望产品时附带获得的各种利益的总和，包括说明书、保证、安装、维修、送货、技术培训等。

2. A [解析] 核心产品是指产品的基本效用和利益。例如，消费者购买冰箱的目的是制冷，因此，制冷功能就是冰箱的核心产品。

3. ADE [解析] 根据渠道宽度不同划分，可分为密集分销、选择分销和独家分销三种类型。

4. BE [解析] 竞争导向定价法包括随行就市定价法、投标定价法。

5. B [解析] 声望定价是指利用消费者仰慕名牌或者名店的声望所产生的某种心理来制定商品的价格，像一些质量不易鉴别的商品，如首饰、化妆品等宜采用此法。该企业是知名企业，又是给化妆品定价，所以适合采用声望定价法。

6. C [解析] 根据题意，甲企业的销售形式为：生产者→批发商→零售商→消费者，所以可以判断为二阶渠道。

7. C [解析] 独家分销是指制造商在某一地区只选择一家最适合的中间商专门推销其产品。该企业只选择一家销售商销售空调，属于独家分销。

8. C [解析] 拉式策略是指运用广告和公共关系来吸引消费者购买产品。该企业用电视广告吸引消费者，所以属于拉式策略。

9. D [解析] 推式策略是指企业利用人员推销和营业推广等方式，以中间商为主要促销对象，把产品推入分销渠道，最终推向市场。

Day 14

1. C [解析] 市场营销因素调查主要包括产品、价格、渠道、促销的调查。促销活动调查主要包括各种促销活动的效果，如广告的实施效果、人员推销的效果、营业推广的效果和对外宣传的市场反应等。该手机企业调查手机广告的市场反应，广告属于市场营销因素。

2. CE [解析] 市场营销因素调查内容主要包括产品、价格、渠道和促销活动的调查。

3. A [解析] 市场需求是指特定的地域和特定的顾客群体对某一产品的现实和潜在的需求量。市场需求调查内容主要包括消费需求量调查、消费结构调查、消费动机和行为调查等。

4. AD [解析] 根据市场调查目的，市场调查可分为探测性市场调查、描述性市场调查、因果性市场调查和预测性市场调查。根据调查方法不同，市场调查可分为文案调查法和实地调查法。

5. D [解析] 因果性市场调查是为了研究两个市场变量之间是否存在因果关系而进行的市场调查。该手机生产企业了解价格与销售量、广告与销售量之间的关系，寻找影响手机销售量的主导因素，属于因果性市场调查。

6. D [解析] 文案调查法是指通过搜集各种历史和现实的统计资料，从中摘取与市场调查课题有关的信息，对调查内容进行分析研究的市场调查方法。

7. D [解析] 预测性市场调查是指通过搜集、整理和分析历史资料与现在的各种市场情报资料，预测市场供求变化或企业生产经营前景而进行的推断性调查。该企业是对市场前景进行调查和推断，所以属于预测性市场调查。

8. B [解析] 探测性市场调查是指在制定正式调查方案时，为了准确定义调查问题，发现问题的性质，获取研究问题的思路、研究框架以及方案设计中的某些难点和重点所进行的调查研究活动。探测性市场调查不是正式调查，而是为了制定正式调查方案所进行的预备性调查。

9. C [解析] 抽样调查的应用范围广泛，可以比较准确地推断总体的状况，降低了市场调查的成本。与全面调查相比，抽样调查具有工作量小、省费用、省时间、低成本等特点。

10. A [解析] 市场调查按照调查方式分为全面市场调查和抽样市场调查。人口普查属于全面市场调查。

11. D [解析] 题干表述的是抽样框的概念。例如，从10 000名职工中抽出200名组成一个样本，则10 000名职工的名册就是抽样框。

12. D [解析] 中型广告公司的抽取样本为：$n_{中}=\dfrac{1\ 000}{5\ 000}\times 100=20$（家）。

13. A [解析] 常见的非随机抽样方法有任意抽样、判断抽样、配额抽样和滚雪球抽样。判断抽样是依据专家或调查人员的主观意愿、经验和知识，从调查总体中选择具有代表性的样本作为调查对象的一种非随机抽样方式。

14. B [解析] 全面市场调查也称为市场普查，是指为了搜集比较全面、精确的资料，对调查对象（总体）的全部样本所进行的逐一的、无遗漏的专门调查，所以不需要差异化选择。B项错误。

15. BCD [解析] 随机抽样的方法包括简单随机抽样、等距抽样、分层抽样、整群抽样。非随机抽样的方法包括任意抽样、判断抽样、配额抽样、滚雪球抽样。A、E两项属于非随机抽样。

Day 15

1. B [解析] 观察法是指调查人员不与被调查者接触，而是通过在旁边观察和记录来取得第一手资料的调查方法。按照调查人员是否参与被观察者的活动，可分为参与型观察法、非参与型观察法。由题干可知这种市场调查的方法属于参与型观察法。

2. C [解析] 结构型观察是一种计划严密、操作标准化、可控制的观察。此种观察在实施观察前规定观察对象和记录标准，制定有一定分类体系的观察提纲，在实施观察时记录预先设置的分类行为，是比较程式化的观察活动。观察程序标准化，观察内容结构化，观察结果可以量化。

3. C [解析] 入户访问法是指调查员到被调查者的家中或工作单位进行访问，直接与被调查者接触，然后或是利用调查问卷逐个问题进行询问，并记录对方的回答，或是将自填式问卷交给被调查者，讲明方法后，等对方填完再收取问卷的调查方式。

4. D [解析] 有控制组的事前事后对比实验要求对实验组和控制组分别进行事前事后测量，然后进行对比分析。

5. A [解析] 根据公式，实验变数效果＝实验组变动结果－控制组变动结果＝（650－520）－（610－500）＝20（箱）。

6. C [解析] 根据公式：实验变数效果＝实验组事后测量值－控制组事后测量值＝1 380－1 210＝170（箱）。

7. DE [解析] 网络调查法具有速度快、成本低、组织简单、不受时空限制等优点。其缺点主要表现在样本对象的局限性较大、信息安全性较差等方面。

Day 16

1. BCDE [解析] 市场预测原理包括惯性原理、因果原理、类推原理和概率原理。

2. A [解析] 惯性原理在移动平均法中得到很好的应用。

3. C [解析] 人们可以在已知某一事物的发展变化情况的基础上，通过类推的方法推演出相似事物未来可能的发展趋势。类推原理在趋势外推法中得到了很好的运用。

4. C [解析] 根据事物相互之间在结构、模式、性质、发展趋势等方面客观存在着相似之处，人们可以在已知的某一事物的发展变化情况的基础上，通过类推原理推演出相似事物未来可能的发展趋势。

5. B [解析] 因果原理强调任何事物都不可能孤立存在，都是与周围事物相互制约、相互促进的。

● 考点再现

Q_{1-5} 市场预测原理。

（1）类推原理：根据事物相互之间在结构、模式、性质、发展趋势等方面客观存在着相似之处，人们可以在已知的某一事物的发展变化情况的基础上，通过类推原理推演出相似事物未来可能的发展趋势。

（2）惯性原理：任何事物发展具有一定惯性，即在一定时间、一定条件下保持原来的趋势和状态，这是市场预测的理论基础。

（3）因果原理：任何事物都不可能孤立存在，都是与周围的各种事物相互制约、相互促进的，一个事物的发展变化，必然影响到其他有关事物的发展变化。

（4）概率原理：任何事物的发展都有一个被认识的过程。在充分认识事物之前，人们只知道其中有些因素是确定的，有些因素是不确定的，即存在着偶然性因素。

6. AB [解析] 按市场预测手段内在机理不同，市场预测可分为定性预测和定量预测，A、B两项正确。按预测时间跨度不同，市场预测可分为长期预测、中期预测和短期预测。按国民经济行业分类标准，行业划分为门类、大类、中类和小类四级，与之相适应，可将预测分为门类、大类、中类和小类预测。按市场预测的空间层次分类，市场预测可分为国内市场预测和国际市场预测。

7. C [解析] 按市场预测手段内在机理不同，市场预测可分为定性预测和定量预测。按预测时间跨度不同，市场预测可分为长期预测、中期预测和短期预测。按国民经济行业分类标准，行业划分为门类、大类、中类和小类四级，与之相适应，可将预测分为门类、大类、中类和小类预测。按市场预测的空间层次分类，市场预测可分为国内市场预测和国际市场预测。

8. AC [解析] 定性市场预测方法包括专家会议法、德尔菲法、集合意见法、主观概率法、对比类推法。

9. B [解析] 交锋式会议法是指与会专家围绕一个主题，各自发表意见，并进行充分争论，最后达成共识，取得比较一致的预测结论。交锋式会议法要求参加会议的专家通过各抒己见、互相争论来预测问题，以求达到一致或比较一致的预测意见。

10. C [解析] 德尔菲法中位数的计算，中位数的关键是"排序"，也是第一步工作。各变量值按大小排序后为：90，105，110，115，116，120，128，129，130，135。共10个数，中间位置的数是第5位和第6位，即116和120，两者取平均数，即：（116+120）÷2＝118.0（万台）。

Day 17

1. D [解析] 根据加权移动平均法的预测模型可得：$\hat{y}_{t+1}=M_{tw}=\dfrac{w_n y_t + w_{n-1} y_{t-1} + \cdots + w_1 y_{t-n+1}}{w_1 + w_2 + \cdots + w_n}$
＝（200×1＋230×2＋250×3＋300×4）÷（1＋2＋3＋4）＝261（万元）。

2. D [解析] 季节指数法的计算步骤如下。

第一步：计算所有年份需要预测的季度平均值，题目中3年里第三季度平均值已知为1 100万元；

第二步：计算所有季度的平均值，题目中3年里所有季度的平均值为687.5万元；

第三步：计算季节指数（需要预测的季度平均数与所有季度平均值之比），题目中第三季度季节指数为1.6（1 100÷687.5）；

第四步：计算预测值，季节指数×预测值（注意是季度还是月度）＝预测数额。题目中第三季度预测值＝1.6×（4 000÷4）＝1 600（万元）。

3. A [解析] 季节指数法是指根据预测目标各个日历年度按季（月）编制的时间数列资料，以统计方法测定出反映季节变动规律性的季节指数，并利用季节指数进行近期预测的一种预测方法，该方法适用于那些市场需求有季节性的产品。

4. C [解析] 趋势外推法是指根据时间数列呈现出的规律性趋势向外推导，从而确定预测对象未来值的预测方法。移动平均法是将观察期的统计数据，由远而近地按一定跨越期逐一求取平均值，并将最后一个平均值确定为预测值的方法。对比类推法为定性市场预测方法中的一种，即由预测人员把预测的市场经济现象或经济指标同其他相类似的现象或指标加以对比分析来推断未来发展变化趋势的一种方法。德尔菲法同为定性市场预测方法的一种，即以匿名方式通过几轮函询征求专家意见，预测组织小组对每一轮的意见进行汇总整理后将其作为参考再发送给各位专家，供他们分析判断，以提出新的论证。

5. B [解析] 利用加权算术平均法公式计算：2023年销售额＝（110×0.1＋99×0.1＋109×0.2＋109×0.2＋108×0.4）÷（0.1＋0.1＋0.2＋0.2＋0.4）＝107.7（万元）。

6. (1) AB [解析] 市场调查的方法包括：①市场调查人员深入社区，到消费者家中进行访谈，了解消费者需求属于入户访问法；②由调查人员召集企业内、外部的相关人员，根据个人对空调的接触、认识、市场信息、资料及经验，对未来市场进行判断预测，属于集合意见法。

(2) D [解析] 季节指数法的计算步骤如下。

第一步：计算所有年份需要预测的季度平均值，题目中3年里第三季度平均值已知为

1 100万元；

第二步：计算所有季度的平均值，题目中3年里所有季度的平均值为687.5万元；

第三步：计算季节指数（需要预测的季度平均数与所有季度平均值之比），题目中第三季度季节指数为1.6（1 100÷687.5）；

第四步：计算预测值，季节指数×预测值（注意是季度还是月度）＝预测数额。题目中第三季度预测值＝1.6×（4 000÷4）＝1 600（万元）。

（3）CD［解析］市场预测的定性方法包括专家会议法、德尔菲法、集合意见法、主观概率法。

（4）AC［解析］市场预测的定性方法包括专家会议法、德尔菲法、集合意见法、相关类推法、对比类推法，其中专家判断法包括专家会议法和德尔菲法。

本章强化测试

第四章 生产过程组织

学习指导

本章主要涉及生产组织、生产过程及生产过程组织、生产类型、厂址选择、生产过程空间组织的原则、生产过程空间组织的形式、生产过程时间组织、绿色生产、"5S"管理等生产过程相关知识。本章是案例题重点考查章节,主要围绕三种移动方式和流水生产线组织这几个知识点。案例题主要以计算为核心展开,再加上文字性概念理解。考生解答本章计算题时需要熟记公式并会应用公式,考查较灵活、深入,考生应在理解的基础上反复练习。根据历年考情,本章考查分值在21分左右。

日期	考点
Day18	➤生产运营管理概述
Day19	➤生产组织 ➤生产过程 ➤生产过程组织
Day20	➤生产类型 ➤厂址选择
Day21	➤生产过程空间组织的原则与形式
Day22	➤生产过程时间组织 ➤顺序移动方式 ➤平行移动方式 ➤平行顺序移动方式
Day23	➤三种移动方式的优缺点比较
Day24	➤流水生产线组织 ➤自动线组织
Day25	➤绿色生产 ➤"5S"管理

Day 18

▽ **考点**:生产运营管理概述

1. [多选] 生产运营系统的基本环节有(   )。
   A. 投入   B. 转换
   C. 产出   D. 反馈

E. 售后

2. [单选] 产品生产属于生产运营系统的（　　）环节。
A. 投入
B. 转换
C. 产出
D. 反馈

3. [多选] 下列属于企业战略层生产运营决策与计划的有（　　）。
A. 产品（服务）决策
B. 运营流程的设计与改造
C. 自制或外包等决策
D. 长期产能规划
E. 运营模式

4. [单选] 下列属于企业战术层生产运营决策与计划的是（　　）。
A. 厂址选定
B. 长期产能规划
C. 生产计划与调度计划
D. 产品制造方式

5. [单选] 某生产公司的生产类型是多品种、小批量、订单式的生产类型，其生产计划和控制工作应由（　　）掌控。
A. 车间层
B. 企业职能部门
C. 基层操作员工
D. 企业最高决策层

✎ 学习笔记

Day 19

▼ 考点：生产组织

1. [多选] 生产组织是指企业按照生产要求，对生产要素在空间和时间上的合理安排和组织。这些生产要素包括（   ）。
   A. 劳动资料　　　　　　　　　　　B. 劳动关系
   C. 劳动体系　　　　　　　　　　　D. 劳动效率
   E. 劳动力

▼ 考点：生产过程

2. [单选] 下列活动中，属于自然过程的是（   ）。
   A. 将锻件放在普通空气中冷却
   B. 用钻床钻孔
   C. 高温淬火
   D. 用铣床加工零件槽面

3. [多选] 下列生产活动中，属于劳动过程的有（   ）。
   A. 用车床加工零件表面　　　　　　B. 将铸件放在普通空气中冷却
   C. 用钻床钻孔　　　　　　　　　　D. 油漆晾干
   E. 用染料上色

4. [单选] 机械制造企业设计工艺装备的活动属于（   ）。
   A. 生产技术准备过程　　　　　　　B. 基本生产过程
   C. 辅助生产过程　　　　　　　　　D. 生产服务过程

5. [多选] 机械制造企业的基本生产过程包括（   ）。
   A. 机械零件装配　　　　　　　　　B. 对原材料进行铸锻
   C. 模具制造　　　　　　　　　　　D. 原材料保管
   E. 零部件装卸

6. [单选] 机械制造企业的动力生产活动属于（   ）。
   A. 生产技术准备过程　　　　　　　B. 基本生产过程
   C. 辅助生产过程　　　　　　　　　D. 生产服务过程

7. [单选] 原材料保管属于生产过程的（   ）。
   A. 生产技术准备过程
   B. 基本生产过程
   C. 辅助生产过程
   D. 生产服务过程

8. [单选] 关于生产过程的构成，下列说法错误的是（   ）。
   A. 生产服务过程是核心
   B. 基本生产过程是核心
   C. 生产技术准备过程是重要的前提
   D. 辅助生产过程为基本生产过程服务

9. [单选] 由一名工人或一组工人，在一个工作地上，对同一劳动对象进行连续加工的一系列生产活动叫作（　　）。
   A. 工号　　　　　　　　　　　　B. 生产
   C. 工序　　　　　　　　　　　　D. 加工

▼ 考点：生产过程组织

10. [单选] 在相同的时间间隔内，企业生产大致相同数量或递增数量的产品，避免前松后紧或者前紧后松等现象。这遵循了生产过程组织的（　　）。
    A. 柔性原则　　　　　　　　　　B. 节奏性原则
    C. 比例性原则　　　　　　　　　D. 准时性原则

11. [单选] 生产过程的（　　）原则是指在生产过程各阶段之间，基本生产中各车间、工段和各工序之间，以及各种设备之间，在生产能力上保持符合产品制造数量和质量要求的比例关系。
    A. 比例性　　　　　　　　　　　B. 连续性
    C. 节奏性　　　　　　　　　　　D. 柔性

12. [单选] 在需要的时间和地点，生产所需要数量和质量的零部件的原则称为（　　）原则。
    A. 比例性　　　　　　　　　　　B. 连续性
    C. 节奏性　　　　　　　　　　　D. 准时性

✎ 学习笔记

Day 20

考点：生产类型

1. [多选] 按照企业的生产连续程度划分，生产类型分为（　　）。
   A. 单件生产　　　　　　　　　B. 成批生产
   C. 大量生产　　　　　　　　　D. 连续型生产
   E. 离散型生产

2. [单选] 按照企业的生产连续程度划分，机床、汽车等的生产属于（　　）。
   A. 单件生产　　　　　　　　　B. 成批生产
   C. 离散型生产　　　　　　　　D. 连续型生产

3. [多选] 下列产品中，其生产类型属于连续型生产的有（　　）。
   A. 化肥　　　　　　　　　　　B. 电视机
   C. 桌子　　　　　　　　　　　D. 啤酒
   E. 汽车

4. [单选] 下列生产类型中，通常可以采用高效率的专用设备和专用工艺装备，且生产过程的机械化、自动化水平比较高的是（　　）。
   A. 小批生产类型　　　　　　　B. 中批生产类型
   C. 大量生产类型　　　　　　　D. 单件生产类型

5. [多选] 成批生产类型的特点包括（　　）。
   A. 具有一定的生产稳定性和生产重复性
   B. 工人需要掌握多种操作技术和技能
   C. 设备或工作地的有效工作时间比大量生产要少
   D. 产品的标准化程度相当低
   E. 生产的稳定性和专业化程度很低

6. [多选] 单件生产类型的特点包括（　　）。
   A. 产品的标准化程度高
   B. 生产的稳定性和专业化程度很低
   C. 具有定期重复轮番生产的特点
   D. 产品的标准化程度相当低
   E. 要求工人具有较高的技术水平和较广的生产知识，以适应多品种生产的要求

考点：厂址选择

7. [多选] 影响企业选择厂址的因素主要有（　　）。
   A. 国家的有关方针与政策
   B. 资源的获取状况
   C. 企业组织结构的形式
   D. 气候和地质等自然条件
   E. 交通状况

8. [多选] 厂址选择的主要步骤为（　　）。
   A. 确定选址目标
   B. 收集数据、分析因素，拟订初步候选方案
   C. 评价候选方案
   D. 选定最终厂址
   E. 实地考察厂址

9. [单选] 如果厂址选择主要是考虑生产中的运输成本，可以采用（　　）来选择厂址位置。
   A. 直接推断法　　　　　　　　　　　　B. 重心法
   C. 位置度量法　　　　　　　　　　　　D. 因素评分法

10. [多选] 下列属于厂址选择的方法的有（　　）。
    A. 一元回归分析法　　　　　　　　　　B. 重心法
    C. 位置度量法　　　　　　　　　　　　D. 因素评分法
    E. 杜邦分析法

11. [单选] 某地区拟建一个加工厂，主要考虑生产中的运输成本。每年需要由 A（2，5）地运来物资 240 吨，从 B（5，3）地运来物资 120 吨，从 C（3，7）地运来物资 500 吨，从 D（6，3）地运来物资 340 吨。假定各种物资每吨公里的运输费用相同。根据原材料的运输量和里程，该加工厂应位于坐标（　　）。
    A. （3.85，5.07）　　　　　　　　　　B. （3.98，3.98）
    C. （4.98，4.98）　　　　　　　　　　D. （6，4）

学习笔记

Day 21

▽ 考点：生产过程空间组织的原则与形式

1. [单选] 企业根据生产工艺和产品特点，对车间的机床进行科学、合理地布置，这种活动属于（　　）。

   A. 生产过程的时间组织工作

   B. 生产过程的空间组织工作

   C. 生产过程的物流组织工作

   D. 生产过程的人员配置工作

2. [单选] 下列不属于生产过程空间组织的原则的是（　　）。

   A. 有利于企业内各项生产活动的正常进行，提高经济效益

   B. 有利于安全生产保证，有利于职工的身心健康，满足"三废"处理要求

   C. 有利于合理利用空间，防止浪费，减少运输空间

   D. 有利于节省生产时间

3. [单选] 工厂总平面布置时应遵循的最基本的原则是（　　）。

   A. 有利于企业内各项生产活动的正常进行，提高经济效益

   B. 有利于安全生产保证，有利于职工的身心健康，满足"三废"处理要求

   C. 有利于合理利用空间，防止浪费，减少运输空间

   D. 有利于节省生产时间

4. [单选] 最常见的生产过程空间组织形式是（　　）。

   A. 工艺专业化布置　　　　　　　　B. 对象专业化布置

   C. 固定布置　　　　　　　　　　　D. 混合式布置

5. [单选] 重型机床、船舶适用于（　　）空间组织形式。

   A. 工艺专业化布置　　　　　　　　B. 对象专业化布置

   C. 固定布置　　　　　　　　　　　D. 混合式布置

6. [单选] 汽车生产企业的装配流水线车间所采用的生产过程空间组织形式是（　　）。

   A. 工艺专业化布置　　　　　　　　B. 对象专业化布置

   C. 混合式布置　　　　　　　　　　D. 固定布置

7. [单选] 下列生产过程空间组织形式中，对产品品种的变化具有较强的适应性的是（　　）。

   A. 对象专业化布置　　　　　　　　B. 工艺专业化布置

   C. 固定布置　　　　　　　　　　　D. 部门专业化布置

8. [多选] 下列属于对象专业化的特点的有（　　）。

   A. 可以缩短产品加工路线

   B. 减少产品的运输时间和停放时间，缩短生产周期

   C. 对产品变化的适应性差

   D. 生产周期延长，资金占用增加

   E. 管理工作复杂化

9. ［多选］下列属于工艺专业化的优点的有（　　）。

　　A. 可以缩短产品加工路线

　　B. 减少产品的运输时间和停放时间，缩短生产周期

　　C. 便于进行工艺专业化管理，并有利于工人技术熟练程度的提高

　　D. 对产品品种的变化具有较强的适应性

　　E. 便于充分利用生产设备与生产面积，提高生产设备和生产面积的负荷系数

✎ 学习笔记

Day 22

▼ **考点**：生产过程时间组织

1. [单选] 生产过程时间组织的目的是提高生产过程的（   ）。
   A. 时效性和连续性
   B. 连续性和比例性
   C. 时效性和比例性
   D. 连续性和节奏性

2. [多选] 企业进行生产过程时间组织的目标有（   ）。
   A. 提高生产率
   B. 降低成本
   C. 节约生产面积
   D. 充分利用车间的空间位置
   E. 缩短生产周期

▼ **考点**：顺序移动方式

3. [单选] 某企业进行一种零件的加工，在工序间采用顺序移动方式搬运零件。该种零件投产批量为6件，有4道加工工序；按照加工顺序，单件每道工序作业时间依次为20分钟、10分钟、20分钟、15分钟。假设零件移动用时为0，则将一个批次的该种零件全部生产出来所需要的时间为（   ）分钟。
   A. 120   B. 350
   C. 390   D. 400

▼ **考点**：平行移动方式

4. [单选] 某零件投产批量为3件，经过5道工序加工，单件每道工序作业时间依次为20分钟、5分钟、20分钟、20分钟、10分钟。在平行移动方式下，每批零件全部生产完成的生产周期是（   ）分钟。
   A. 105   B. 115
   C. 125   D. 145

▼ **考点**：平行顺序移动方式

5. [单选] 某企业大量大批生产某零件，现正对生产过程进行时间组织。若零件投产批量为4件，经5道工序加工，单位作业时间依次为8分钟、4分钟、6分钟、4分钟、8分钟。采用平行顺序移动方式加工完成该批零件所需要时间为（   ）分钟。
   A. 54   B. 62
   C. 72   D. 120

✎ 学习笔记

Day 23

考点：三种移动方式的优缺点比较

1. [多选] 生产过程空间组织形式采用对象专业化的生产单位宜采用的零件转移方式有（　　）。
   A. 平行移动方式
   B. 顺序移动方式
   C. 平行顺序移动方式
   D. 随机移动方式
   E. 离散移动方式

2. [单选] 某企业接到一个零件加工订单，要求生产周期越短越好。忽略其他因素，只考虑零件在工序间的移动方式，该企业应采用（　　）。
   A. 顺序移动方式
   B. 平行移动方式
   C. 平行顺序移动方式
   D. 随机移动方式

3. [单选] 改变加工对象时，若调整设备所需的劳动量很大，不宜采用（　　）。
   A. 顺序移动方式
   B. 平行移动方式
   C. 平行顺序移动方式
   D. 交叉移动方式

4. [多选] 某企业进行生产过程的时间组织需要考虑的因素有（　　）。
   A. 企业的空间大小
   B. 零件的轻重
   C. 劳动量的大小
   D. 生产任务的缓急
   E. 企业的生产类型

5. [案例] 某企业批量生产一种零件，投产批量为6件，经过4道工序加工，按照加工顺序，单件每道工序作业时间依次为10分钟、8分钟、20分钟、15分钟，假设零件移动用时为0。为保证生产过程中的连续性和节奏性，该企业对该种零件生产过程进行时间组织，并对工序时间的移动方式进行分析和决策。

   根据以上资料，回答下列问题：

   (1) 如果采用平行顺序移动方式进行零件生产，将一个批次的该种零件全部生产出来的时间是（　　）分钟。
   A. 163
   B. 170
   C. 175
   D. 200

   (2) 在众多零件移动方式中，将一个批次的该种零件全部生产出来所需要的最短时间为（　　）分钟。
   A. 120
   B. 135
   C. 153
   D. 195

(3) 将一个批次的该种零件全部生产出来，零件在工序间搬运次数最多的零件移动方式是（   ）。

A. 顺序移动方式

B. 平行移动方式

C. 平行顺序移动方式

D. 混合移动方式

(4) 为了确保设备在一个批次的零件加工过程中不出现停顿，该企业可以采用的工序间零件移动方式是（   ）。

A. 顺序移动方式　　　　　　　　　　B. 平行移动方式

C. 平行顺序移动方式　　　　　　　　D. 混合移动方式

✎学习笔记

Day 24

考点：流水生产线组织

1. [单选] 关于流水生产线的说法，错误的是（　　）。
   A. 流水生产线的加工对象是固定的，工作地的专业化程度较高
   B. 流水生产线上各工序的工作地数量与各工序单位工时成反比
   C. 流水生产线上各工作地按工艺过程的顺序排列
   D. 流水生产线上各道工序具有大体相等的生产率

2. [单选] 某企业采用流水线方式生产手机，则该流水线一天连续生产两部相同手机的间隔时间就是该流水线的（　　）。
   A. 生产周期　　　　　　　　　　　B. 生产提前期
   C. 生产率　　　　　　　　　　　　D. 节拍

3. [多选] 为解决流水线上某道工序设备超负荷问题，企业可以采取的措施有（　　）。
   A. 延长节拍时间
   B. 优化该道工序设备，提升工序效率
   C. 优化该道工序之后工序设备的效率
   D. 优化该道工序之前工序设备的效率
   E. 缩短节拍时间

4. [案例] 某公司生产单一的家电产品。在综合分析各种因素的基础上，该公司决定采用流水线的生产组织方式进行产品装配。该流水线采用两班制的生产模式。产品日生产量为198台，每班工作时间为8小时，工作时间有效利用系数为0.95，废品率为1%。在进行工序同期化后，计算该流水线的第2道工序所需设备数为2.94台，最终确定第2工序实际设备数为3。

   根据以上资料，回答下列问题：
   (1) 该公司在作出生产组织方式决策时，需要综合考虑的因素有（　　）。
   A. 产品特点　　　　　　　　　　　B. 生产工艺
   C. 管理层级　　　　　　　　　　　D. 生产类型
   (2) 该流水线的平均节拍为（　　）分钟。
   A. 3.38　　　　　　　　　　　　　B. 4.56
   C. 7.82　　　　　　　　　　　　　D. 8.65
   (3) 该公司可以采取的工序同期化措施为（　　）。
   A. 改进工艺装备　　　　　　　　　B. 提高工人工作效率
   C. 实行三班制　　　　　　　　　　D. 提高设备的生产效率
   (4) 该流水线第2道工序的设备负荷系数为（　　）。
   A. 1.02　　　　　　　　　　　　　B. 0.92
   C. 0.98　　　　　　　　　　　　　D. 0.89
   (5) 该流水线的生产空间组织形式为（　　）。
   A. 工艺专业化布置

B. 固定布置

C. 混合式布置

D. 对象专业化布置

▽ 考点：自动线组织

5. [单选] 按（ ）标准划分，自动线可分为通过式自动线和非通过式自动线。

　A. 零件是否通过机床上的装夹器具

　B. 零件运输方式

　C. 加工设备的连接方式

　D. 设备排列方式

6. [多选] 自动线是一种先进的生产组织形式，它有利于（ ）。

　A. 稳定产品质量　　　　　　　　B. 提升产品市场份额

　C. 增强企业凝聚力　　　　　　　D. 升级产业结构

　E. 降低产品制造成本

7. [多选] 按加工设备的连接方式划分，自动线分为（ ）。

　A. 刚性自动连接线　　　　　　　B. 直接运输自动线

　C. 间接运输自动线　　　　　　　D. 悬挂运输自动线

　E. 柔性自动连接线

✎ 学习笔记

Day 25

▼ 考点：绿色生产

1. ［多选］绿色生产的目标包括（   ）。
   A. 高效利用资源
   B. 保护环境
   C. 促进企业的可持续发展
   D. 提高技术创新与研发能力
   E. 最大化企业短期利润

2. ［多选］实施绿色生产的基本途径包括（   ）。
   A. 原材料有效使用和替代
   B. 改革工艺和设备
   C. 改进运行操作管理
   D. 产品改革替代
   E. 生产系统外部循环利用

3. ［单选］某企业将废物、废热回收作为能量利用。从绿色生产的途径看，该企业的做法属于（   ）。
   A. 生产系统内部循环利用
   B. 改革工艺和设备
   C. 改进运行操作管理
   D. 产品改革替代

▼ 考点："5S"管理

4. ［多选］下列属于"5S"生产现场管理活动内容的有（   ）。
   A. 整理
   B. 整顿
   C. 清洁
   D. 反省
   E. 素养

5. ［单选］许多企业在"5S"管理基础上增加了节约和（   ）两个活动，构成了"7S"。
   A. 整理
   B. 整顿
   C. 清洁
   D. 安全

6. ［单选］按照"5S"管理的要求，（   ）是开始改善生产现场的第一步，重点是坚决把现场不需要的东西清理掉。
   A. 整理
   B. 整顿
   C. 清洁
   D. 安全

7. ［单选］按照"5S"管理的要求，（   ）是对现场和设备认真维护，保持完美和最佳状态。
   A. 整理
   B. 整顿

C. 清洁 D. 安全

8. [单选]（　　）是"5S"管理的核心。

   A. 整理 B. 素养
   C. 清洁 D. 安全

✎学习笔记

本章学习检查表

知识点名称	初次学习		第一次复习		第二次复习	
	做对题目数/总题目数	学习日期	做对题目数/总题目数	复习日期	做对题目数/总题目数	复习日期
生产运营管理概述						
生产组织						
生产过程						
生产过程组织						
生产类型						
厂址选择						
生产过程空间组织的原则与形式						
生产过程时间组织						
顺序移动方式						
平行移动方式						
平行顺序移动方式						
三种移动方式的优缺点比较						
流水生产线组织						
自动线组织						
绿色生产						
"5S"管理						

填写建议：

"做对题目数/总题目数"记录自己各知识点做题的情况，比如，某知识点总题目数10题，自己做对了其中7题，记录为7/10。

"学习日期"和"复习日期"记录自己学习和复习各知识点的日期。

备忘录

参考答案及解析

Day 18

1. ABCD [解析] 生产运营系统是指通过一定的方法和流程将投入企业的资源转换为产品或服务的系统,包括投入、转换、产出和反馈四个基本环节。

2. B [解析] 生产运营系统是指通过一定的方法和流程将投入企业的资源转换为产品或服务的系统,包括投入、转换、产出和反馈四个基本环节。其中转换环节包括产品生产和服务提供。

3. ADE [解析] 战略层生产运营决策与计划考虑企业生产运营战略方针方面的问题,即根据企业的整体战略,确定企业产品(服务)决策、厂址、长期产能规划、企业规模、价值链设计、运营模式、产品制造方式等。战略层生产运营活动的开展需要实施者具有战略视野和思维,其决策、计划和实施的时间跨度较大。B、C 两项属于战术层生产运营决策与计划。

4. C [解析] 战术层生产运营决策与计划具体包括运营流程的设计与改造、设施布置、自制或外包等决策,以及生产计划与调度计划。其中任务量最多的是生产计划与调度计划,即企业的中、短期生产计划,包括确定为谁生产、生产什么、生产多少、由哪个部门生产、何时生产和何时完工等。A、B、D 三项属于企业的战略层生产运营决策与计划。

5. A [解析] 对于多品种、小批量、订单式的生产类型,生产运营管理系统常采用权力下移的形式,生产计划和控制工作大多由车间层掌握,生产单位多按工艺专业化原则布局;对于大批量的生产类型,生产计划和控制工作由企业职能部门掌握,生产单位一般按产品专业化原则布局。

Day 19

1. AE [解析] 生产组织是工业企业生产活动中组织工作的通称。狭义的生产组织是指按照生产要求对劳动力、劳动资料和劳动对象等生产要素在空间上和时间上的合理安排和组织。

2. A [解析] 自然过程是指劳动对象借助自然界的力量,使其产生某种性质变化的过程。属于自然过程的有铸件自然时效、铸锻件自然冷却、涂染的自然干燥等。

3. ACE [解析] 生产过程一般包括劳动过程和自然过程。劳动过程是劳动者利用劳动手段(如设备和工具)作用于劳动对象(零部件、半成品、毛坯和原料),使之成为产品的全部过程,是劳动力、劳动对象和劳动手段结合的过程。

> ●考点再现
>
> Q_{2-3} 生产过程一般包括劳动过程和自然过程。自然过程是指劳动对象借助自然界的力量,使其产生某种性质变化的过程。劳动过程是生产过程的主体,是人们为社会生产所需要的产品而进行的有目的的活动,是劳动力、劳动对象和劳动手段结合的过程。劳动过程和自然过程的手段如表4-1所示。

表 4-1　劳动过程和自然过程的手段

项目	劳动过程	自然过程
手段	劳动手段（如设备和工具）	自然界的力量

4. A ［解析］生产技术准备过程是指在投入生产前的各种生产技术准备工作。比如，产品设计、工艺设计、工艺装备的设计、标准化工作、定额工作、调整劳动组织和设备布置等。

5. AB ［解析］基本生产过程是指企业将劳动对象变为基本产品所进行的直接生产活动。C 项属于辅助生产过程；D、E 两项属于生产服务过程。

6. C ［解析］辅助生产过程包括动力生产、工具制造、模具制造、设备维修等。

7. D ［解析］生产服务过程是指为基本生产和辅助生产服务的各种生产服务活动。比如，原材料、零部件的供应、运输、装卸、保管等。

● 考点再现

Q_{4-7}　生产过程的构成如表 4-2 所示。

表 4-2　生产过程的构成

生产过程的构成	主要内容
生产技术准备过程	企业在产品投入生产前所进行的一系列各种生产技术准备工作。比如，产品设计、工艺设计、工艺装备设计、标准化工作、定额工作、调整劳动组织和设备布置等
基本生产过程	企业将劳动对象变为基本产品所进行的直接生产活动。比如，纺织企业的纺纱、织布；飞机制造企业的加工、装配；冶金企业的炼钢、炼铁、轧钢；机械制造企业的铸锻、加工、装配等
辅助生产过程	为保证基本生产过程的正常进行所必需的各种辅助性生产活动。比如，机械制造企业中的动力生产、工具制造、模具制造、设备维修等
生产服务过程	为基本生产和辅助生产服务的各种生产服务活动。比如，原材料、零部件的供应、运输、装卸、保管等

8. A ［解析］基本生产过程是核心，生产技术准备过程是重要的前提，辅助生产过程和生产服务过程为基本生产过程服务，并且为更好地实现基本生产过程创造条件，A 项错误。

9. C ［解析］工序是指由一名工人或一组工人，在一个工作地上对同一劳动对象进行连续加工的一系列生产活动。

10. B ［解析］生产过程的节奏性，也可称为均衡性，是指产品生产过程中各阶段，从投料到最后完工入库，都按计划、有节奏、均衡地进行，要求在相同的时间间隔内，生产大致相同数量或递增数量的产品，避免前松后紧或者前紧后松等现象。

11. A ［解析］生产过程的比例性原则是指在生产过程各阶段之间，基本生产中各车间、工段和各工序之间，以及各种设备之间，在生产能力上保持符合产品制造数量和质量要求的比例关系。

12. D [解析] 准时性原则是指在需要的时间和地点，生产所需要数量和质量的零部件。

● 考点再现

Q_{10-12} 合理的生产过程应考虑的主要原则如表 4-3 所示。

表 4-3　合理的生产过程应考虑的主要原则

原则	具体内容
连续性原则	产品在各阶段是运动状态，各环节是紧密衔接的、连续不断的，没有或很少有不必要的停顿和等待时间
比例性原则	产品在各生产阶段应保持合理的比例关系
节奏性原则	产品生产过程中各个阶段，按计划、有节奏、均衡地进行，要求在相同的时间间隔内，生产大致相同数量或递增数量的产品，避免前松后紧或前紧后松等现象
准时性原则	在需要的时间和地点，生产所需要数量和质量的零部件
柔性原则	是指加工制造的灵活性、可变性和可调节性

Day 20

1. DE [解析] 按照企业的生产连续程度划分，生产类型可分为连续型生产和离散型生产。按产品品种和产品产量不同划分，可以分为单件生产、成批生产和大量生产。

2. C [解析] 离散型生产是单个项目的生产，输入生产过程的各种要素是间断性地投入的。生产设备和运输装置必须适合多种产品加工的需要，工序之间要求有一定的在制品储存。机床、汽车的生产属于离散型生产。

3. AD [解析] 连续型生产是指连续的产品生产，其工艺流程往往表现为用化学的而不是物理的或机械的方法，如化肥、药品等的生产。

4. C [解析] 大量生产类型的企业特点之一是可以采用高效率的专用设备和专用工艺装备，生产过程的机械化、自动化水平比较高，工人操作技术单一，熟练程度高。

5. ABC [解析] 成批生产类型的特点包括：①具有一定的生产稳定性和生产重复性，具有定期重复轮番生产的特点；②在成批生产中，设备或工作地的有效工作时间比大量生产要少；③需根据产量的大小、工艺的难易程度，在采用通用设备和工艺装备的同时，部分地采用自动化和半自动化设备及专用工艺装备；④工人需要掌握多种操作技术和技能，而且应具有一定的熟练程度，以适应多品种和周期性生产变动的要求。D、E 两项属于单件生产类型的特点。

6. BDE [解析] 单件生产类型的特点包括：①产品的标准化程度相当低；②生产的稳定性和专业化程度很低；③单件生产类型一般都采用通用的设备和工艺装备，只有在必须采用专用设备和专用工艺装备才能达到技术要求、保证产品质量时，才采用专用设备；④要求工人具有较高的技术水平和较广的生产知识，以适应多品种生产的要求。A 项属于大批生产企业的特点。C 项属于成批生产企业的特点。

• 考点再现

Q_{1-6} 生产类型如表4-4所示。

表4-4 生产类型

分类标准	生产类型	主要内容
按照生产连续程度划分	连续型生产	是指物料均匀、连续地按一定工艺顺序运动，在运动中不断改变形态和性能，最后形成产品的生产 【实例】化肥、肥皂、炼油、造纸等的生产
	离散型生产	是指物料离散地按一定工艺顺序运动，在运动中不断改变形态和性能，最后形成产品的生产 【实例】机床、汽车等的生产
按照产品品种和数量划分	大量生产	是指生产的产品产量大而品种少，经常重复生产一种或少数几种类似的产品的一种生产类型
	成批生产	是指产品产量较少，品种较多，专业化程度较低的一种生产类型
	单件生产	是指生产的产品品种繁多，而每一种产品仅生产一台（件）或少数几台（件）的生产类型

7. ABDE ［解析］影响厂址选择的主要因素有：①国家的有关方针、政策，国民经济发展的整体需要、布局和规划，各地方的规划、发展及有关法规；②接近客户、交通便利、通信方便，能够实现市场和客户的需求，如时间短、距离近、运输、销售便利，从而使用户满意；③资源的充分获取和利用，以获得最佳经济效益；④气候、地质、水文等自然条件及环境保护；⑤长远发展的余地。

8. ABCD ［解析］厂址选择的步骤为：①确定选址目标；②收集数据、分析因素，拟订初步候选方案；③评价候选方案；④选定最终厂址方案。

9. B ［解析］在进行厂址选择时，可以采用因素评分法、重心法、投资费用比较法、积点法、位置度量法、盈亏平衡点法、线性规划法、分支界限法、引力模型法、直接推断法等方法。如果选择厂址主要考虑生产中的运输成本，可以采用重心法来选择厂址位置。

10. BCD ［解析］在进行厂址选择时，可以采用因素评分法、重心法、投资费用比较法、积点法、位置度量法、盈亏平衡点法、线性规划法、分支界限法、引力模型法、直接推断法等方法。

11. A ［解析］根据重心法来选择厂址位置，其坐标应为：$X=(2\times240+5\times120+3\times500+6\times340)\div(240+120+500+340)=3.85$（公里）；$Y=(5\times240+3\times120+7\times500+3\times340)\div(240+120+500+340)\approx5.07$（公里）。

Day 21

1. B ［解析］生产过程空间组织工作就是根据生产工艺和产品特点，科学、合理地布置、确定各种资源、设备等在企业内的平面、立体位置，并相应确定运输线路、运输方式。

2. D ［解析］生产过程空间组织的原则包括：①有利于企业内各项生产活动的正常进行，提高经济效益。这是进行工厂总平面布置时应遵循的最基本的原则，尤其要满足工艺流程的要求。②有利于安全生产保证，有利于职工的身心健康，满足"三废"处理要求。③有利于合理利用空间，防止浪费，减少运输空间。

3. A [解析] 有利于企业内各项生产活动的正常进行，提高经济效益，这是进行工厂总平面布置时应遵循的最基本的原则，尤其要满足工艺流程的要求。

4. D [解析] 混合式布置是生产过程中最常见的形式。

5. C [解析] 固定布置是指将加工的对象如产品、零部件的位置固定不变，而人员、设备、工具向其移动，并在该处进行加工制造的一种设施布置方式。适用于体积大、重量也很大、难以移动的产品。

6. B [解析] 生产过程空间组织的形式有工艺专业化布置、对象专业化布置、混合式布置和固定布置。对象专业化布置就是以产品（或零件、部件）为对象来设置生产单位。加工对象是一定的，而加工工艺方法则是多样的。因此，这种车间也可以叫做封闭式车间（或封闭式工段）。这种按照某种产品的加工路线或加工顺序来布置设施，常常被称为生产线。

●考点再现

Q_{4-6} 生产过程空间组织形式如表 4-5 所示。

表 4-5 生产过程空间组织形式

组织形式	主要内容
工艺专业化布置	按照生产过程各个工艺阶段的工艺特点来设置生产单位。工艺方法是相同的，而加工对象是不同的 【实例】机械制造厂
对象专业化布置	以产品（或零件、部件）为对象来设置生产单位。加工对象是一定的，而加工工艺方法则是多样的 【实例】瓶装水、食品、自行车等生产线
混合式布置	是指综合利用工艺专业化原则和对象专业化原则建立生产单位的原则。这种布置实际上是最常见的
固定布置	是指将加工的对象如产品、零部件的位置固定不变，而人员、设备、工具向其移动，并在该处进行加工制造的一种设施布置方式。适用于体积大、重量也很大、难以移动的产品 【实例】重型机床、船舶、飞机、机车、锅炉、发电机组、建筑房屋、修水坝、筑路、钻井等

7. B [解析] 工艺专业化布置的优点包括：①对产品品种的变化具有较强的适应性；②便于充分利用生产设备与生产面积，提高生产设备和生产面积的负荷系数；③便于进行工艺专业化管理，并有利于工人技术熟练程度的提高。

8. ABC [解析] 对象专业化的优点包括：①可以缩短产品加工路线，节约运输工具和人力，减少仓库等辅助面积的占用；②减少产品的运输时间和停放时间，缩短生产周期，减少生产中在制品占用量和流动资金占用量；③有利于建立生产责任制，有利于在制品管理、质量管理；④提高劳动生产率和降低成本；⑤有利于采用先进的生产组织形式。对象专业化的缺点包括：①不利于充分利用设备和生产面积；②不利于对工艺进行专业化管理；③对产品变化的适应性差。D、E 两项属于工艺专业化的特点。

9. CDE [解析] 工艺专业化的优点包括：①对产品品种的变化具有较强的适应性；②便于充分利用生产设备与生产面积，提高生产设备和生产面积的负荷系数；③便于进行工艺专业化管理，并有利于工人技术熟练程度的提高。A、B 两项属于对象专业化的优点。

Day 22

1. D [解析] 生产过程的时间组织是指在时间上对劳动对象在车间之间、工段之间及工作地之间的运动配合与衔接进行合理的安排和设计,其目的是以最大限度地提高生产过程的连续性和节奏性,来实现提高生产率、降低成本、缩短生产周期的目标。

2. ABE [解析] 生产过程时间组织的重要目的是以最大限度地提高生产过程的连续性和节奏性,来达到提高生产率、降低成本、缩短生产周期的目标。

3. C [解析] 顺序移动方式下,根据公式:$T_{顺} = n\sum_{i=1}^{m} t_i = 6 \times (20+10+20+15) = 390$(分钟)。

4. B [解析] 平行移动方式下,根据公式:$T_{平} = \sum_{i=1}^{m} t_i + (n-1)t_{最长} = (20+5+20+20+10) + (3-1) \times 20 = 115$(分钟)。

5. C [解析] 平行顺序移动方式下,根据公式:$T_{平顺} = n\sum_{i=1}^{m} t_i - (n-1)\sum_{i=1}^{m-1} t_{i较短} = 4 \times (8+4+6+4+8) - (4-1) \times (4+4+4+4) = 72$(分钟)。

● 考点再现

Q_{3-5} 零件在工序间的移动方式如表4-6所示。

表4-6 零件在工序间的移动方式

移动方式	公式	特点
顺序移动方式	$T_{顺} = n\sum_{i=1}^{m} t_i$	顺序移动,整批运送,周期最长
平行移动方式	$T_{平} = \sum_{i=1}^{m} t_i + (n-1)t_{最长}$	平行移动,生产周期最短
平行顺序移动方式	(1) $T_{平顺} = \sum_{i=1}^{m} t_i + (n-1)(\sum t_{较大} - \sum t_{较小})$ (2) $T_{平顺} = n\sum_{i=1}^{m} t_i - (n-1)\sum_{i=1}^{m-1} t_{i较短}$	平行顺序=平行方式+顺序方式

Day 23

1. AC [解析] 对象专业化生产单位宜采用平行或者平行顺序移动,而工艺专业化宜采取顺序移动方式。

2. B [解析] 平行移动方式的突出优点是充分利用平行作业的可能,使生产周期达到最短。

3. B [解析] 在实际生产与业务工作中,要结合实际,因地制宜地选择工序间的零件移动方式。如改变加工对象时,如果调整设备所需的劳动量很大,不宜采用平行移动方式;如果改变加工对象时,不需调整设备或调整设备所需时间很少时,宜采用平行移动方式。

4. BCDE [解析] 企业进行生产过程的时间组织应考虑的因素包括:①企业的生产类型;②生产任务的缓急;③劳动量的大小和零件的轻重;④企业内部生产单位专业化形式;⑤改变加工对象时,调整设备所需的劳动量。

5. (1) A [解析] 采用平行顺序移动方式计算:$T_{平顺} = n\sum_{i=1}^{m} t_i - (n-1)\sum_{i=1}^{m-1} t_{i较短} = 6 \times$

$(10+8+20+15)-(6-1)\times(8+8+15)=163$（分钟）。

(2) C [解析] 平行移动方式，充分利用平行作业的可能，使生产周期达到最短。根据公式：$T_{平}=\sum_{i=1}^{m}t_i+(n-1)t_{最长}=(10+8+20+15)+(6-1)\times 20=153$（分钟）。

(3) B [解析] 在顺序移动方式下，组织生产较简单，设备在加工零件时不出现停顿，工序间搬运次数少。在平行移动方式下，企业充分利用平行作业的可能，使生产周期达到最短，运输次数多。在平行顺序移动方式下，生产周期较短，每道工序在加工一批零件时不发生停顿现象，使设备能连续、正常运转，运输次数也较多。

(4) AC [解析] 在顺序移动方式下，组织生产较简单，设备在加工零件时不出现停顿，工序间搬运次数少。在平行移动方式下，企业充分利用平行作业的可能，使生产周期达到最短。在平行顺序移动方式下，生产周期较短，每道工序在加工一批零件时不发生停顿现象，使设备能连续、正常运转。

Day 24

1. B [解析] 线上的设备和工艺、装备是针对加工对象的工艺要求配置的，一般能封闭地完成加工对象的全部生产工艺，线上各工序的工作地数量与各该工序单件工时的比值保持一致，即各工序的生产能力符合比例性的要求。B项错误。

2. D [解析] 节拍是指流水线生产上连续生产两个相同制品的间隔时间。

3. AB [解析] 节拍是指流水生产线上连续生产两个相同制品的间隔时间。解决企业某道工序设备超负荷问题，可以延长节拍时间以及提高设备的生产效率。

4. (1) BD [解析] 不同行业的不同企业根据自己的生产特点和生产过程应采取不同的具体生产过程组织形式。生产特点可以理解为生产类型，生产过程可以理解为生产工艺特点。

(2) B [解析] $r=\dfrac{T_e}{Q}=\dfrac{\beta T_0}{Q}=\dfrac{时间有效利用系数\times工作时间}{计划期产量}=\dfrac{2\times 8\times 60\times 0.95}{198\div(1-1\%)}=4.56$（分钟）。

(3) ABD [解析] 工序同期化措施主要有：①提高设备的生产效率；②改进工艺装备；③改进工作地布置与操作方法，减少辅助作业时间；④提高工人技术的熟练程度和工作效率；⑤详细地进行工序的合并与分解。

(4) C [解析] 设备负荷系数 $K_i=\dfrac{S_i}{S_{ei}}=\dfrac{所需工作地数量}{实际工作地数量}=2.94\div 3=0.98$。

(5) D [解析] 对象专业化布置就是以产品（或零部件）为对象来设置生产单位。这种按照某种产品的加工路线或加工顺序来布置设施常常称为生产线。

5. A [解析] 按零件是否通过机床上的装夹器具，可分为通过式自动线和非通过式自动线。按零件运输方式，可分为直接运输自动线、间接运输自动线、悬挂运输自动线和工件升起运输自动线。按加工设备的连接方式，可分为刚性连接自动线和柔性连接自动线。按设备排列方式，可分为顺序排列的自动线、平行排列的自动线和顺序平行混合排列的自动线。按布局形式，可分为直线式自动线、折线和封闭式自动线。

6. AE [解析] 自动线是将按工艺顺序排列的若干台自动设备，用一套自动控制装配和自动传送装置联系起来的自动作业线。其特征是：①较一般流水线效率更高；②生产过程具有高度的连续性和节奏性；③有利于稳定产品质量；④能从事人工所不能胜任的特殊工作；⑤有利于降低产品制造成本；⑥生产过程是完全自动进行的。

7. AE ［解析］按加工设备的连接方式，可分为刚性连接自动线和柔性连接自动线。按零件运输方式，可分为直接运输自动线、间接运输自动线、悬挂运输自动线和工件升起运输自动线。

Day 25

1. ABCD ［解析］绿色生产的目标包括高效利用资源、保护环境、促进企业的可持续发展和提高技术创新与研发能力。最大化短期利润与绿色生产的可持续发展理念不符，E项错误。

2. ABCD ［解析］实施绿色生产的基本途径可概括为以下五个主要方面：①原材料的有效使用和替代；②改革工艺和设备；③改进运行操作管理；④产品改革替代；⑤生产系统内部循环利用。

3. A ［解析］生产系统内部循环利用是指一个企业生产过程中的物料的循环再利用。其基本特征是不改变主体流程，仅将主体流程中的废物加以收集处理并再利用。通常包括将废物、废热回收作为能量利用；将流失的原料、产品回收，返回主体流程之中使用；将回收的废物分解处理成原料或原料成分，复用于生产流程中；组织闭路用水循环或一水多用等。

4. ABCE ［解析］"5S"是整理（Seiri）、整顿（Seiton）、清扫（Seiso）、清洁（Seiketsu）和素养（Shitsuke）5个词的缩写。

5. D ［解析］"7S"是在"5S"管理基础上增加了安全和节约两个活动。

6. A ［解析］整理是开始改善生产现场的第一步，重点是坚决把现场不需要的东西清理掉。

7. C ［解析］清洁是指对现场和设备认真维护，保持完美和最佳状态。清洁是对整理、整顿、清扫三项活动的坚持与深入。

8. B ［解析］素养即要求员工要养成良好的工作习惯，遵守纪律。努力提高人员的素质，养成严格遵守规章制度的习惯和作风，这是"5S"管理的核心。

本章强化测试

第五章 质量管理与安全生产管理

学习指导

本章主要涉及质量管理的基本内容、工序能力分析、全面质量管理和六西格玛管理、质量认证的基本知识、安全生产管理等内容。本章是案例题重点章节,计算题主要分布在工序能力知识点。本章内容比较抽象,离现实生活比较远,考生需要反复理解记忆,并运用公式多练习。本章考查分值在 20 分左右。

日期	考点
Day26	➢质量与质量管理
Day27	➢质量管理中的常用技术
Day28	➢工序能力分析
Day29	➢质量检验 ➢质量认证
Day30	➢全面质量管理 ➢六西格玛管理
Day31	➢安全生产管理

Day 26

▼ 考点:质量与质量管理

1. [单选] 物美价廉是指质量的（   ）。
   A. 广义性 B. 时效性
   C. 相对性 D. 经济性

2. [单选] 消费者对产品的质量需求和期望是不断变化的,说明质量具有（   ）特征。
   A. 广义性 B. 时效性
   C. 相对性 D. 经济性

3. [单选] 不同的顾客对同一功能的产品提出不同的质量要求,这体现了质量的（   ）。
   A. 时效性 B. 狭义性
   C. 经济性 D. 相对性

4. [多选] 质量是一组固有特性满足要求的程度,具有（   ）的特征。
   A. 经济性 B. 广义性
   C. 时效性 D. 相对性

E. 特殊性

5. ［单选］某产品的结构、性能、精度、化学成分等属于质量的（　　）。
   A. 内在特性
   B. 外在特性
   C. 经济特性
   D. 软件质量特性

6. ［单选］（　　）是指若超过规定的特性值要求，会直接影响产品安全性或使产品整体功能丧失的质量特性。
   A. 主要质量特性
   B. 关键质量特性
   C. 次要质量特性
   D. 特殊质量特性

7. ［单选］由企业的最高管理者正式发布的该组织总的质量宗旨和质量方向是（　　）。
   A. 质量控制标准
   B. 质量保证措施
   C. 质量改进方案
   D. 质量方针

8. ［单选］质量改进的目的在于（　　）。
   A. 增强组织满足质量要求的能力
   B. 增强组织营销的能力
   C. 增强企业竞争力的能力
   D. 降低企业成本的能力

学习笔记

Day 27

▽ **考点**：质量管理中的常用技术

1. ［单选］在质量管理方法中，用来整理数据、描述质量特性数据分布状态的质量分析图是（　　）。

    A. 排列图 B. 散布图
    C. 直方图 D. 因果分析图

2. ［单选］目的是把性质相同的数据归纳在一起的方法是（　　）。

    A. 排列图法 B. 散布图法
    C. 分层法 D. 因果分析图法

3. ［单选］下列控制图中，能够分析产品纯度计量值的是（　　）。

    A. 平均值和极差控制图
    B. 计件值控制图
    C. 缺陷数控制图
    D. 计点值控制图

4. ［多选］下列控制图中，属于计量值控制图的有（　　）。

    A. 单值控制图 B. 平均值和极差控制图
    C. 缺陷数控制图 D. 中位数和极差控制图
    E. 不合格品数控制图

5. ［多选］下列控制图中，属于计数值控制图的有（　　）。

    A. 单值控制图 B. 平均值和极差控制图
    C. 不合格品数控制图 D. 中位数和极差控制图
    E. 不合格品率控制图

6. ［多选］产品质量的分析和控制是实现质量目标的重要保证，以下属于质量管理方法的有（　　）。

    A. 散布图法 B. 调查表法
    C. 排列图法 D. 投资回收期法
    E. 因果分析图法

✎ **学习笔记**

Day 28

▽ **考点**：工序能力分析

1. [单选] 某型号 LED 节能灯的设计寿命要求不低于 20 000 小时，现随机抽取该型号 LED 节能灯测得平均寿命为 20 750 小时，$s=250$ 小时，经测算，样本平均值和公差中心重合，则工序能力指数为（　　）。

   A. 1　　　　　　　　　　　　　B. 1.5
   C. 2　　　　　　　　　　　　　D. 2.5

2. [多选] 关于工序能力指标用途的说法，正确的有（　　）。

   A. 工序能力指标有助于企业确定工艺方法
   B. 工序能力指标有助于企业选择销路最好的产品产量
   C. 工序能力指标有助于企业协调工序间的相互关系
   D. 工序能力指标有助于企业确定工序工艺装备
   E. 工序能力指标有助于企业验证工序质量保证能力

3. [多选] 在质量管理过程中，影响工序质量的因素主要包括（　　）。

   A. 方法　　　　　　　　　　　　B. 机器
   C. 原料　　　　　　　　　　　　D. 环境
   E. 产品

4. [案例] 某机械厂生产的产品中的一个齿轮外径设计尺寸为 3.1mm，生产过程中所允许的误差为（−0.002 0，+0.001 5）。某道工序承担并完成齿轮外径的加工，现在需要通过随机抽样对该工序的工序能力进行评估，抽取了 250 个样品，经测算，样本平均值和公差中心重合，$s=0.000\ 49$。

   根据以上资料，回答下列问题：

   (1) 工序能力指数 C_P 为（　　）。

   A. 1.19　　　　　　　　　　　　B. 1.25
   C. 1.28　　　　　　　　　　　　D. 1.30

   (2) 通过该工序的工序能力指数，可以判断该工序的工序能力（　　）。

   A. 不足　　　　　　　　　　　　B. 正常
   C. 充足　　　　　　　　　　　　D. 过剩

5. [案例] 某企业在生产某型号无缝钢管的过程中，A 工序加工产品的内径，B 工序加工产品外径，C 工序加工产品的长度，该产品的内径设计尺寸为 50mm，生产过程中所允许的误差为（−0.15，+0.15）。通过随机抽样对 A、B、C 三道工序的工序能力进行评估。对 A 工序加工后内径尺寸进行测量统计，随机抽取的样本平均值和公差中心重合，样本标准差为 0.08mm。经测算，B 工序的工序能力指数为 1.5，C 工序的工序能力指数为 1.7。

   根据以上资料，回答下列问题：

   (1) A 工序的工序能力指数为（　　）。

   A. 1.4　　　　　　　　　　　　B. 1.6

C. 2.1 D. 0.6

(2) 根据 B 工序的工序能力指数，可以判断 B 工序的工序能力（　　）。

A. 不足 B. 充足

C. 严重不足 D. 过剩

(3) 为降低 C 工序的工序能力，该企业可采取的措施为（　　）。

A. 提高原材料质量，降低加工量

B. 改用精度较低但效率高、成本低的设备

C. 在设计允许的情况下，降低产品的技术要求

D. 更改设计，提高产品的技术要求

(4) 在该型号无缝钢管的生产过程中，影响三道工序质量的因素有（　　）。

A. 作业人员 B. 市场价格

C. 生产方法 D. 生产设备

学习笔记

Day 29

▼ 考点：质量检验

1. ［单选］某企业生产某型号无缝钢管，通过拉伸演示的方法检验该型号无缝钢管的强度，这种质量检验方法为（　　）。
   A. 破坏性检验　　　　　　　　　B. 抽样检验
   C. 理化检验　　　　　　　　　　D. 感官检验

2. ［单选］下列质量检验活动中，受检物在检验后不会被破坏的是（　　）。
   A. 检验灯泡的使用寿命
   B. 检验钢材的强度
   C. 检验钢筋的长度
   D. 检验轮胎的耐磨性能

3. ［单选］如果质量检验过程依靠人的感觉器官对产品的形状、颜色、气味、伤痕、污损、锈蚀和老化程度等进行的检验和评价，按照检验方法的特征划分，这种检验应该属于（　　）。
   A. 计量检验　　　　　　　　　　B. 计数检验
   C. 理化检验　　　　　　　　　　D. 感官检验

4. ［单选］按照（　　）标准，可将质量检验划分为计数检验和计量检验。
   A. 检验的质量特性值的特征划分
   B. 检验对象检验后的状态特征划分
   C. 检验目的的特征划分
   D. 检验的数量特征划分

5. ［单选］下列不属于质量检验的基本任务的是（　　）。
   A. 控制质量水平
   B. 判断工序质量状态，为工序能力控制提供依据
   C. 了解产品质量的等级或缺陷的严重程度
   D. 改善检测手段，提高检测作业发现质量缺陷的能力和有效性

6. ［单选］以"为下一批生产做好生产技术准备，保证下一批生产能有较好的生产技术状态"为目的的工序检验形式是（　　）。
   A. 进货检验　　　　　　　　　　B. 首件检验
   C. 巡回检验　　　　　　　　　　D. 末件检验

▼ 考点：质量认证

7. ［多选］质量认证的作用有（　　）。
   A. 有利于企业增强国际市场竞争能力
   B. 促进企业完善质量管理体系
   C. 节约大量社会检验费用
   D. 有利于保护消费者利益
   E. 有利于约束企业，推动进一步发展

8. [单选]下列质量认证类型中，不以产品为检测对象的是（　　）。

   A. 型式试验

   B. 工厂质量管理体系评定

   C. 批量检验

   D. 全数检验

9. [单选]在质量认证的类型中，（　　）是带有监督措施的型式试验。

   A. 型式试验加认证后监督——供方抽样检验

   B. 型式试验加认证后监督——在市场和供方抽样检验

   C. 供方质量管理体系评定

   D. 型式试验加认证后监督——市场抽样检验

✎学习笔记

Day 30

考点：全面质量管理

1. ［单选］关于推行全面质量管理时的要求，下列说法错误的是（ ）。
   A. 全企业的质量管理
   B. 全过程的质量管理
   C. 质量管理部门的质量管理
   D. 质量管理方法多种多样

2. ［单选］下列不属于全面质量管理五步法综合阶段的主要工作的是（ ）。
   A. 目标
   B. 人员
   C. 市场营销
   D. 关键业务流程

3. ［单选］企业质量管理的核心是（ ）。
   A. 管理技术
   B. 质量管理体系的建立和运行
   C. 科学技术
   D. 管理体系的实施

4. ［单选］PDCA循环将工作过程分成的四个阶段是（ ）。
   A. 决策阶段、执行阶段、检查阶段、处理阶段
   B. 计划阶段、执行阶段、扩展阶段、处理阶段
   C. 计划阶段、执行阶段、检查阶段、处理阶段
   D. 计划阶段、执行阶段、检查阶段、总结阶段

5. ［单选］PDCA循环处理阶段的主要工作是（ ）。
   A. 检查计划执行结果
   B. 实施计划
   C. 分析现状，找出存在的主要质量问题
   D. 根据检查结果，采取相应的措施

6. ［单选］关于PDCA循环，下列说法错误的是（ ）。
   A. PDCA循环作为企业开展质量改进活动的一般方法，适用于企业的各方面工作
   B. 各个PDCA循环之间相互衔接、相互促进
   C. 推动PDCA循环，关键在A阶段
   D. PDCA四个阶段周而复始的循环，回到原点

考点：六西格玛管理

7. ［单选］在质量管理领域，若要求产品合格率不低于99.99%，则质量控制水平应为（ ）。
   A. 1σ
   B. 2σ
   C. 3σ
   D. 6σ

8. ［单选］六西格玛管理的流程是（ ）。
   A. 设计、管理、分析、改进、控制
   B. 界定、测量、分析、改进、控制
   C. 界定、管理、分析、改进、控制

D. 设计、测量、调整、改进、控制

9. [多选] 下列关于六西格玛团队组成的说法，正确的有（   ）。

   A. 六西格玛团队由三个层次组成
   B. 以执行领导、倡导者为领导层
   C. 以黑带大师、黑带为骨干层
   D. 以绿带为具体执行层
   E. 以黄带、蓝带为监督层

/ 学习笔记

Day 31

▼ 考点：安全生产管理

1. ［单选］安全生产要求除了避免人员损伤之外，还应避免（　　）。
   A. 设施大量闲置　　　　　　　　　B. 设备无形磨损
   C. 产品积压　　　　　　　　　　　D. 环境破坏

2. ［多选］安全生产的特点包括（　　）。
   A. 预防性　　　　　　　　　　　　B. 短期性
   C. 科学性　　　　　　　　　　　　D. 灵活性
   E. 规范性

3. ［单选］我国安全生产的基本方针是（　　）。
   A. 安全第一、预防为主
   B. 安全第一、预防为主、全面整顿
   C. 安全第一、预防为主、综合治理
   D. 发动群众、确保安全

4. ［多选］下列属于生产经营单位主要负责人对本单位的安全生产职责的有（　　）。
   A. 建立健全本单位安全生产责任制
   B. 组织制定本单位安全生产规章制度和操作规程
   C. 督促、检查本单位的安全生产工作，及时消除生产安全事故隐患
   D. 及时、如实报告生产安全事故
   E. 督促落实本单位安全生产整改措施

✎ 学习笔记

本章学习检查表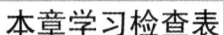

知识点名称	初次学习		第一次复习		第二次复习	
	做对题目数/总题目数	学习日期	做对题目数/总题目数	复习日期	做对题目数/总题目数	复习日期
质量与质量管理						
质量管理中的常用技术						
工序能力分析						
质量检验						
质量认证						
全面质量管理						
六西格玛管理						
安全生产管理						

填写建议：

"做对题目数/总题目数"记录自己各知识点做题的情况，比如，某知识点总题目数10题，自己做对了其中7题，记录为7/10。

"学习日期"和"复习日期"记录自己学习和复习各知识点的日期。

备忘录

参考答案及解析

Day 26

1. D [解析] 质量具有经济性、广义性、时效性和相对性。价廉物美实际上反映人们的价值取向,物有所值表明质量有经济性的特征。

2. B [解析] 质量具有经济性、广义性、时效性和相对性。质量的时效性是指组织的顾客和其他相关方对组织、产品、过程、体系的需求和期望是不断变化的。

3. D [解析] 质量的相对性是指组织的顾客和其他相关方可能对同一产品的功能提出不同的需求,也可能对同一产品的同一功能提出不同的需求。

4. ABCD [解析] 质量是指一组固有特性满足要求的程度。质量具有经济性、广义性、时效性和相对性。

● 考点再现

Q_{1-4} 质量特点如表 5-1 所示。

表 5-1 质量特点

质量特点	主要内容
质量的经济性	价廉物美实际上反映人们的价值取向,物有所值表明质量有经济性的特征
质量的广义性	质量不仅指产品的质量,也可以指过程和体系的质量
质量的时效性	组织的顾客和其他相关方对组织、产品、过程、体系的需求和期望是不断变化的
质量的相对性	组织的顾客和其他相关方可能对同一产品的功能提出不同的需求,也可能对同一产品的同一功能提出不同的需求

5. A [解析] 质量特性是指产品、过程或体系与要求有关的固有特性。内在特性,如结构、性能、精度、化学成分等。外在特性,如外观、形状、色泽、气味、包装等。经济特性,如使用成本、维修时间和费用等。质量管理特性,如安全、环保、美观等。

6. B [解析] 根据对顾客满意度的影响程度不同,将质量特性划分为关键、重要和次要类。关键质量特性是指若超过规定的特性值要求,会直接影响产品安全性或使产品整体功能丧失的质量特性。重要质量特性是指若超过规定的特性值要求,将造成产品部分功能丧失的质量特性。次要质量特性是指若超过规定的特性值要求,暂不影响产品功能,但可能会引起产品功能的逐渐丧失。

7. D [解析] 质量方针是指由组织的最高管理者正式发布的该组织总的质量宗旨和质量方向。质量控制的目的是保证质量,满足要求。质量保证包括内部质量保证和外部质量保证。内部质量保证是指组织向自己的管理者提供信任;外部质量保证指组织向顾客或外部其他方提供信任。质量改进的目的是增强组织满足质量要求的能力。

8. A [解析] 质量改进的目的在于增强组织满足质量要求的能力。质量改进的对象也可能会涉及组织的质量管理体系、过程和产品。

Day 27

1. C [解析] 直方图，又称为质量分析图，它是由很多直方形连起来的，表示质量数据离散程度的一种图形，用来整理数据、找出规律、判断工序是否处于受控状态。

2. C [解析] 分层法是质量管理中常用的数理统计方法，它把收集的原始质量数据按照一定的目的加以分类整理，再据此进行质量分析。分层的目的是把性质相同的数据归纳在一起。

3. A [解析] 计量值控制图一般适用于以长度、强度、纯度等计量值为控制对象的情况，包括单值控制图、平均值和极差控制图，以及中位数和极差控制图等。

4. ABD [解析] 计量值控制图包括单值控制图、平均值和极差控制图、中位数和极差控制图等。

5. CE [解析] 控制图包括计量值控制图和计数值控制图。计数值控制图是以计数值数据的质量特性值为控制对象，属于这种情况的有不合格品率控制图和不合格品数控制图。

6. ABCE [解析] 质量管理常用技术主要包括分层法、调查表法、散布图法、排列图法、因果分析图法、直方图法等。

• 考点再现

Q_{1-6} 质量管理中的常用技术如表 5-2 所示。

表 5-2 质量管理中的常用技术

常用技术		主要内容
分层法		把收集的原始质量数据按照一定的目的加以分类整理，再据此进行质量分析。分层的目的是把性质相同的数据归纳在一起
		常用分层标志有操作者、设备、原材料、缺陷项目等
调查表法		调查表是为了分层收集数据而设计的一类统计图表。调查表法就是利用这类统计图表进行数据收集、整理和粗略分析的一种方法
		常用的调查表有缺陷调查表、不良项目调查表、不良原因调查表、过程分布调查表等
散布图法		又叫相关图，是将两个可能相关的变量数据用点画在坐标图上，通过观察分析来判断两个变量之间的相关关系
排列图法		又称主次因素分析图或帕累托图。排列图法是根据"关键的少数，次要的多数"原理，将数据分项目排列作图，以直观的方法来表明质量问题的主次及关键所在的一种方法
因果分析图法		以结果作为特性，以原因作为因素，在它们之间用箭头联系表示因果关系，特别适合质量小组实行质量民主管理
直方图法		又称为质量分析图，它是由很多直方形连起来的，表示质量数据离散程度的一种图形
		用来反映生产过程中工序质量随时间的动态变化，并以此为依据来维持生产过程的稳定性
控制图法	计量值控制图	以长度、强度、纯度等计量值为控制对象的情况，包括单值控制图、平均值和极差控制图以及中位数和极差控制图等
	计数值控制图	是以计数值数据的质量特性值为控制对象，属于这种情况的有不合格品率控制图和不合格品数控制图

第五章 质量管理与安全生产管理

Day 28

1. A [解析] 某些项目只要求控制单向公差，如清洁度、噪音、杂质含量等，仅需控制公差上限（一般可认为公差下限为零）；而材料的强度、零件的寿命等则要求控制公差下限（一般可认为公差上限是无穷大）。从题干可知，该节能灯设计寿命不低于 20 000 小时，即有下限值。根据单侧公差工序能力指数公式，代入数值，可得 $C_{PL} = \dfrac{\mu - T_L}{3\sigma} = \dfrac{\bar{x} - T_L}{3s} = \dfrac{20\ 750 - 20\ 000}{3 \times 250} = 1$。

2. ACDE [解析] 工序能力指标有以下用途：①选择经济合理的工序方案。这是通过预测与质量标准的符合程度来确定工序工艺装备、工艺方法和检测方法。②协调工序之间的相互关系。工艺设计时，要规定各道工序的加工余量、定位基准等，了解每道工序的能力对工序设计是有益的。③验证工序质量保证能力。分析工序质量缺陷因素，估计工序不合格率，控制工序实际加工质量。

3. ABCD [解析] 影响工序质量的因素包括人（man）、机器（machine）、原料（material）、方法（method）、测量（measurement）和环境（environment），简称5M1E。

4. (1) A [解析] 根据题意，该机械厂的误差为（-0.002 0，+0.001 5），即有上限值 3.1+0.001 5=3.101 5 和下限值 3.1-0.002 0=3.098，属于双侧公差工序能力计算。根据公式，代入相关数值得，该工序的工序能力指数 $C_P = \dfrac{T}{6\sigma} = \dfrac{T_U - T_L}{6s} = \dfrac{3.101\ 5 - 3.098}{6 \times 0.000\ 49} \approx 1.19$。

(2) B [解析] 由第 (1) 题得知工序指数为 1.19，由表 5-3 可知在二级的范围中，所以该工序的工序能力正常。工序能力等级如表 5-3 所示。

表 5-3 工序能力等级

工序能力等级	工序能力指数	工序能力判断
特级	$C_P > 1.67$	过剩
一级	$1.67 \geqslant C_P > 1.33$	充足
二级	$1.33 \geqslant C_P > 1.00$	正常
三级	$1.00 \geqslant C_P > 0.67$	不足
四级	$C_P \leqslant 0.67$	严重不足

5. (1) D [解析] 根据公式：$C_P = \dfrac{T}{6\sigma} = \dfrac{T_U - T_L}{6s} = \dfrac{(50+0.15) - (50-0.15)}{6 \times 0.08} = 0.625 \approx 0.6$。

(2) B [解析] 根据题意，B工序的能力指数为1.5，工序能力大于1.33且小于等于1.67时，工序能力充足。

(3) BD [解析] 降低工序可以选择以下方式：①降低工序能力，如改用精度较低但效率高、成本低的设备和原材料，合理地将工序能力指数降低到适当的水平；②更改设计，提高产品的技术要求；③采取合并或减少工序等方法。

(4) ACD [解析] 影响工序质量的因素包括人、机器、原料、方法、测量和环境。

Day 29

1. A [解析] 按检验对象在检验后的状态特征，可将质量检验划分为破坏性检验和非破坏性检验。破坏性检验后，受检物的完整性遭到破坏，不再具有原来的使用功能。例如，寿命试验、强度试验等往往是破坏性检验。

2. C [解析] 按照检验对象检验后的状态特征，可将质量检验划分为破坏性检验和非破坏性检验。破坏性检验是检验后受检物遭到破坏，不再具有原来的功能。其中破坏性检验包括寿命检验、强度检验。C 项正确。

3. D [解析] 感官检验是依靠人的感觉器官对产品的形状、颜色、气味、伤痕、污损、锈蚀和老化程度等进行的检验和评价。A、B 两项属于按照检验的质量特性值的特征划分。理化检验是指应用物理或化学的方法，依靠量具、仪器及设备装置等对受检物进行检验，C 项错误。

4. A [解析] A 项，按检验的质量特性值的特征，质量检验可划分为计数检验和计量检验；B 项，按检验对象检验后的状态特征，质量检验可划分为破坏性检验和非破坏性检验；C 项，按检验目的的特征，质量检验可划分为验收检验和过程检验；D 项，按检验的数量特征，质量检验可划分为全数检验和抽样检验。

• 考点再现

Q_{1-4} 质量检验的基本类型如表 5-4 所示。

表 5-4 质量检验的基本类型

划分标准	基本类型
按检验的数量特征划分	全数检验
	抽样检验
按检验的质量特性值的特征划分	计数检验
	计量检验
按检验方法的特征划分	理化检验
	感官检验
按检验对象检验后的状态特征划分	破坏性检验
	非破坏性检验
按检验实施的地点划分	固定检验
	流动检验
按检验目的的特征划分	验收检验
	过程检验

5. A [解析] 质量检验的基本任务包括：①鉴别产品（或零部件、外购物料等）的质量水平，确定其符合程度或能否接收；②判断工序质量状态，为工序能力控制提供依据；③了解产品质量的等级或缺陷的严重程度；④改善检测手段，提高检测作业发现质量缺陷的能力和有效性；⑤反馈质量信息，报告质量状况与趋势，提供质量改进的建议。

第五章　质量管理与安全生产管理

6. D [解析] 工序检验包括首件检验、巡回检验、末件检验。其中末件检验的主要目的是为下批生产做好生产技术准备，保证下批生产时能有较好的生产技术状态。

7. ABCD [解析] 质量认证的作用包括：①有利于企业获得更高的质量信誉优势，从而利于企业在激烈的市场竞争中取胜；②有利于企业增强国际市场的竞争能力；③促进企业完善质量管理体系；④节约大量社会检验费用；⑤有利于保护消费者利益。

8. B [解析] 对工厂的质量管理体系进行检查、评定，亦称为质量管理体系认证。这种认证制度的对象不是产品，而是企业的质量管理体系。

9. D [解析] 质量认证的类型分为八类，其中型式试验加认证后监督——市场抽样检验，是一种带有监督措施的型式试验。监督的办法是从市场购买样品或从批发商、零售商的仓库中随机抽样进行检验，以证明认证产品的质量持续符合标准或技术规范的要求。

Day 30

1. C [解析] 在推行全面质量管理时，有"三全一多样"的要求，即全企业的质量管理、全过程的质量管理、全员的质量管理，所采用的质量管理方法多种多样。质量管理属于全企业的质量管理，而不是质量管理部门的，C项错误。

2. C [解析] 在全面质量管理五步法中的综合阶段，通常需要从目标、人员、关键业务流程，以及评审和审核这四个方面进行整合和规划，不包括市场营销。

3. B [解析] 企业的质量目标是通过一个健全而有效的体系来实现的。质量管理的核心是质量管理体系的建立和运行。

4. C [解析] PDCA循环将工作过程分为4个阶段：计划阶段（plan）、执行阶段（do）、检查阶段（check）和处理阶段（action）。

5. D [解析] PDCA循环包括计划阶段、执行阶段、检查阶段和处理阶段。其中处理阶段的主要工作是根据检查结果，采取相应的措施。

6. D [解析] PDCA循环是螺旋式上升的，不是回到原点的，D项错误。

7. D [解析] 在质量管理领域，六西格玛管理法中的σ用来表示质量控制水平。若控制在3σ水平，表示产品合格率不低于99.73%；若控制在6σ水平，表示产品合格率不低于99.999 999 83%，或者不超过0.002ppm（百万分率），接近于零缺陷水平。

8. B [解析] 六西格玛管理形成了自己独有的科学工作程序DMAIC，一套使每个环节不断改进的流程模式：界定、测量、分析、改进、控制。

9. ABCD [解析] 六西格玛团队由三个层次组成：以执行领导、倡导者为领导层；以黑带大师、黑带为骨干层；以绿带为具体执行层。

Day 31

1. D [解析] 安全生产既包括对劳动者的保护，也包括对生产、财物、环境的保护。

2. AC [解析] 安全生产的特点包括预防性、长期性、科学性和群众性。

3. C [解析] 《安全生产法》规定，安全生产的基本方针是：安全第一、预防为主、综合治理。

4. ABCD [解析] 生产经营单位主要负责人对本单位的安全生产职责包括：①建立健全并落实本单位全员安全生产责任制，加强安全生产标准化建设；②组织制定并实施本单位安全生产规章制度和操作规程；③保证本单位安全生产投入的有效实施；④督促、检查本单位的安全生产工作，及时消除生产安全事故隐患；⑤组织制定并实施本单位的生产安全事故应急救援预案；⑥及时、如实报告生产安全事故；⑦组织制定并实施本单位安全生产教育和培训计划。E项属于生产经营单位安全生产管理机构以及安全生产管理人员的安全生产职责。

本章强化测试

第六章 技术改造与新产品开发

学习指导

本章主要涉及技术改造的内容与原则、技术改造的层次和基本程序等相关知识。本章考查案例题的可能性比较大,案例题中常出现计算题,计算题考查的知识点分布在第二节及第三节,计算难度稍大,考查灵活,不易理解,需要考生对很多概念能够进行深刻地分析并理解。因此,建议考生复习时对于一些重点概念必须以教材为基础,结合历年考题的表现方式和出题规律进行理解和记忆。本章考查分值为11~20分。

日期	考点
Day32	➢技术管理概述 ➢技术改造概述
Day33	➢技术改造项目的确定及其可行性研究
Day34	➢技术改造方案优化选择的方法 ➢设备的寿命
Day35	➢设备更新的方法
Day36	➢新产品开发战略的基本类型 ➢新产品开发的方式
Day37	➢新产品开发的过程

Day 32

▼ **考点**:技术管理概述

1. [多选] 随着技术的应用和发展,技术本身的特性越来越明显。技术的特性有( )。
   A. 复杂性　　　　　　　　　　　B. 依赖性
   C. 单一性　　　　　　　　　　　D. 普及性
   E. 动态性

▼ **考点**:技术改造概述

2. [单选] 狭义的企业技术改造的主要内容不包括( )。
   A. 维修
   B. 设备更新改造
   C. 工艺改革
   D. 产品更新换代

3. [单选]（　　）是指运用新的科技成果，对产品的材料，加工制造的方法、技术和过程等进行改进与革新。

A. 维修

B. 设备更新改造

C. 工艺改革

D. 产品更新换代

4. [单选]企业在坚持科学技术进步的前提下，在现有的基础上用先进技术代替落后技术，用先进的工艺和装备代替落后的工艺和装备，以改变企业落后的技术面貌。这一过程称为（　　）。

A. 设备更新

B. 设备改造

C. 技术创新

D. 技术改造

5. [多选]企业进行技术改造时，应遵循的原则有（　　）。

A. 提高企业经济效益和社会效益相结合

B. 确保迅速扩大生产规模

C. 首先抓好薄弱环节

D. 从企业人力、财力、物力的实际出发，量力而行

E. 引进最新的技术

6. [多选]企业的技术改造可以分为表层、内层和深层三个层次，深层的技术改造主要表现为（　　）。

A. 新设备的添置

B. 新厂房的建设

C. 新组织形式的采用

D. 新管理方法的实施

E. 生产方式的革新

7. [单选]企业的技术改造可以分为表层、内层和深层三个层次，内层的技术改造主要表现为（　　）。

A. 科学技术的应用

B. 新设备的添置

C. 新组织形式的采用

D. 生产方式的革新

8. [多选]企业的技术改造可以分为表层、内层和深层三个层次，表层的技术改造主要表现为（　　）。

A. 新技术的应用

B. 新工艺的发明

C. 新设备的添置

D. 新厂房的建造

E. 新市场的开拓

9. [单选] 企业技术改造的核心是（　　）。
   A. 表层技术改造　　　　　　　　B. 内层技术改造
   C. 中层技术改造　　　　　　　　D. 深层技术改造

✎ 学习笔记

Day 33

考点：技术改造项目的确定及其可行性研究

1. [多选] 技术改造项目可行性研究一般分为（　　）阶段。
   A. 确定投资方向
   B. 编制投资计划书
   C. 项目的初步选择
   D. 项目拟订
   E. 项目的评价和决策

2. [多选] 对技术改造项目进行经济可行性分析应该遵循的原则有（　　）。
   A. 当技术改造项目涉及外贸、外资及产品或原料价格等因素时，必须进行国民经济评价
   B. 选择最先进的技术
   C. 原则上应以项目追加投资与新增收益来评价技术改造项目的经济效果
   D. 应运用综合的指标体系，从不同侧面反映出技术改造项目的经济效果
   E. 要从整个企业的角度评价技术改造项目的实际效益

3. [单选] 技术可行性分析的核心是企业技术改造的（　　）问题。
   A. 效益
   B. 方式选择
   C. 可行性分析
   D. 技术等级选择

4. [单选] 某公司拟实施某项技术改造项目，预计需要新投资 8 000 万元，拆除旧厂房设备损失 500 万元，若这些厂房设备的残值为 50 万元，则该项目的总投资为（　　）万元。
   A. 8 660
   B. 8 760
   C. 8 450
   D. 8 340

5. [案例] 某煤炭厂领导班子对煤炭厂的技术改造问题进行经济可行性分析，经过调查得知，该煤炭厂目前产煤炭 3 000 万吨，成本居高不下，对环境的污染日益严重，产品质量有所下降，还存在着一定的安全隐患。为了解决存在的问题，需耗资 5 000 万元进行技术改造。技术改造完成后，每吨煤炭的成本将由原来的 580 元降至 500 元，环境污染问题、安全隐患问题和产品质量问题均能得到一定程度的解决。假设该行业的标准投资效益系数为 0.3。

   根据以上资料，回答下列问题：

   (1) 进行技术改造项目的经济可行性分析，需要对技术改造方案的（　　）进行对比分析。
   A. 总投资与总产量
   B. 总产品与经济效益
   C. 总投资与经济效益
   D. 总投资与投资回收期

   (2) 该技术改造项目完成后，若该厂年煤炭产量不变，则该厂年经济效益为（　　）万元。
   A. 279 300
   B. 288 300

C. 238 500　　　　　　　　　　　　D. 200 000

（3）在计算技术改造方案的总投资时应考虑的因素有（　　）。

A. 因技术改造需新追加的投资额

B. 技术改造中拆除的旧设备、旧设施等所造成的损失金额

C. 技术改造的贷款利息

D. 拆除和固定资产回收利用的价值

6. ［案例］某电视机企业生产某种智能电视，年产量为 50 万台，每台电视机的成本为 2 000 元。为了降低成本，减少环境污染，降低消耗和稳定产量，该电视机企业拟进行技术改造。如果进行技术改造，需要投资 8 000 万元，拆除旧设备将会损失 500 万元，而这些旧设备的残值为 50 万元。技术改造完成后，年产量不变，每台电视机的成本将由原来的 2 000 元降至 1 800 元，环境污染问题、消耗过高问题和质量不稳的问题均得到一定程度的解决。假设标准投资效益系数为 0.3。

根据以上资料，回答下列问题：

（1）该电视机厂进行技术改造时，应遵循的原则是（　　）。

A. 提高企业经济效益和社会效益相结合

B. 确保迅速扩大生产规模

C. 首先抓好薄弱环节

D. 从企业人力、财力、物力的实际出发，量力而行

（2）该技术改造项目的总投资额为（　　）万元。

A. 8 000　　　　　　　　　　　　　B. 8 450

C. 8 400　　　　　　　　　　　　　D. 7 450

（3）假设该技术改造项目的总投资额为 6 000 万元，则该电视机厂进行技术改造后年经济效益为（　　）万元。

A. 8 200　　　　　　　　　　　　　B. 8 600

C. 8 900　　　　　　　　　　　　　D. 9 200

✎ 学习笔记

Day 34

▽ **考点**：技术改造方案优化选择的方法

1. [单选] 某技术改造项目有 4 个互斥方案，其投资额和年净收益额如表 6-1 所示。

   表 6-1　四个互斥方案的投资额和年净收益额

方案/指标	投资额（万元）	年净收益额（万元）
1	600	110
2	500	100
3	420	90
4	400	75

   若采用投资回收期法，标准投资回收期 $T_n=6$ 年，则最佳方案应为（　　）。
   A. 方案 1　　　　　　　　　　　　B. 方案 2
   C. 方案 3　　　　　　　　　　　　D. 方案 4

2. [单选]（　　）方法是通过计算和比较技术改造项目的各方案在整个寿命期间内收益的现值与成本比率，以确定各技术改造方案排列的优先次序和取舍的方法。
   A. 效益成本分析
   B. 投资回收期分析
   C. 追加投资回收期分析
   D. 投资效益分析

3. [单选] 应用效益成本分析法是用（　　）指标来判断项目的可行性。
   A. 益本率　　　　　　　　　　　　B. 投资额
   C. 收益率　　　　　　　　　　　　D. 平均净收益额

▽ **考点**：设备的寿命

4. [单选] 考虑设备的有形磨损，根据最小使用费用（成本）原则确定的设备寿命是设备的（　　）。
   A. 使用寿命　　　　　　　　　　　B. 经济寿命
   C. 技术寿命　　　　　　　　　　　D. 自然寿命

5. [单选] 在正常使用、维护和保养的条件下设备的服务时间为（　　）。
   A. 使用寿命　　　　　　　　　　　B. 经济寿命
   C. 技术寿命　　　　　　　　　　　D. 设计寿命

6. [单选] 技术寿命期间所对应的年平均使用费用被称为（　　）。
   A. 使用寿命费用　　　　　　　　　B. 经济寿命费用
   C. 技术寿命费用　　　　　　　　　D. 自然寿命费用

7. [单选] 某企业的 5G 手机从投入使用到因为 6G 技术进步而更新，所经历的时间是 5G 手机的（　　）。
   A. 使用寿命费用　　　　　　　　　B. 经济寿命费用
   C. 技术寿命费用　　　　　　　　　D. 自然寿命费用

8. ［单选］（　　）被称为设备最佳更新期。
   A. 使用寿命　　　　　　　　　　　B. 经济寿命
   C. 技术寿命　　　　　　　　　　　D. 自然寿命

✏️ 学习笔记

Day 35

▼ **考点**：设备更新的方法

1. [单选] 企业用技术性能更完善、经济效益更显著的新型设备替换原有在技术上不能继续使用或经济上不宜继续使用的设备的工作是（　　）。

    A. 设备更新

    B. 设备改造

    C. 新产品开发

    D. 新产品设计

2. [多选] 确定设备最佳更新期的方法主要有（　　）。

    A. 低劣化数值法　　　　　　　　　B. 最少费用法

    C. 费用累积法　　　　　　　　　　D. 面值法

    E. 因素确定系数法

3. [案例] 某企业正在考虑某设备的技术改造问题，该设备的原始价值 $K_0=16\,000$ 元，每年低劣化增加值 $\lambda=1\,000$ 元，更新时无残值。

    根据以上资料，回答下列问题：

    (1) 该设备的最佳更新区间为（　　）。

    A. 第 3～5 年　　　　　　　　　　B. 第 4～6 年

    C. 第 5～7 年　　　　　　　　　　D. 第 6～8 年

    (2) 该设备费用总和的最小额度为（　　）元。

    A. 4 956　　　　　　　　　　　　B. 5 324

    C. 5 617　　　　　　　　　　　　D. 5 667

    (3) 确定设备最佳更新期的方法主要有（　　）。

    A. 低劣化数值法　　　　　　　　　B. 最少费用法

    C. 费用累积法　　　　　　　　　　D. 面值法

    (4) 低劣化数值法是使（　　）最小的一种计算方法。

    A. 设备费用总和　　　　　　　　　B. 设备维修费

    C. 设备燃料费　　　　　　　　　　D. 动力消耗费

4. [案例] 某企业有一台精密仪器，原值为 5 000 元，根据分析和测算，其逐年维持费用 Y_t 和逐年实际值 L_n（$n=1,2,3,4,5,6,7$）的数值如表 6-2 所示。

    表 6-2　某精密仪器的逐年维持费用和逐年实际值

使用年限 n	1	2	3	4	5	6	7
维持费用 Y_t（元）	1 000	1 100	1 200	1 300	1 600	1 900	2 200
实际残值 L_n（元）	3 500	2 500	1 800	1 300	800	600	500

    根据以上资料，回答下列问题：

    (1) 该精密仪器的最佳更新期应为（　　）年。

    A. 3　　　　　　　　　　　　　　B. 4

    C. 5　　　　　　　　　　　　　　D. 6

(2) 该精密仪器最少的年度使用费为（　　）元。

A. 2 025

B. 2 167

C. 2 075

D. 2 083

学习笔记

Day 36

▼ **考点**：新产品开发战略的基本类型

1. [单选] 适宜于实力一般、资源较少，且处于成熟产业或夕阳产业中的中小企业采用的新产品开发战略是（　　）。
   A. 进取战略　　　　　　　　　　B. 紧随战略
   C. 保持地位战略　　　　　　　　D. 冒险战略

2. [单选] 某企业不抢先研制开发新产品，当市场上一出现新产品，就立即进行仿制或寻找新产品的缺点而加以改进创新，以生产出功能、款式、包装等更好的产品。该企业采用的战略是（　　）。
   A. 进取战略　　　　　　　　　　B. 紧随战略
   C. 保持地位战略　　　　　　　　D. 冒险战略

3. [单选] 某实力雄厚的大型企业在开发新产品时，以自身强大的科研力量和财力为支撑，投入巨大的人力、物力和财力，该企业力争使新产品尽快投放市场，但同时又承担着一定的市场风险，该企业采取的战略是（　　）。
   A. 进取战略　　　　　　　　　　B. 保持地位战略
   C. 风险决策战略　　　　　　　　D. 冒险战略

4. [多选] 新产品开发战略的核心内容有（　　）。
   A. 确定企业新产品开发的领域
   B. 确定新产品开发的规模
   C. 确定新产品开发的预算
   D. 达成目标的途径和方法
   E. 确定新产品开发的效益

5. [多选] 新产品开发战略中，进取战略的基本特征有（　　）。
   A. 新产品创意构思多来源于市场营销或研究与开发的成果，或者两者的结合
   B. 新产品开发的目标一般确定为迅速扩大企业规模，对提高市场占有率不重视
   C. 新产品创新的程度要能达到首创水平，至少部分首创
   D. 新产品投放市场时多选择率先进入的时机
   E. 新产品开发的方式一般为外购方式

6. [多选] 在新产品开发战略中，紧随战略的基本特征主要有（　　）。
   A. 新产品开发的竞争域一般限定在产品的技术方面
   B. 新产品开发的目标是迅速扩大企业规模
   C. 开发出的新产品新颖、独特
   D. 新产品创意构思来源于市场营销和生产过程
   E. 新产品开发方式是自行研制或委托开发

7. [多选] 在企业的新产品开发战略中，冒险战略的基本思路有（　　）。
   A. 新产品开发的竞争域是产品的最终用途和技术的结合
   B. 新产品开发的目标是企业快速发展和大幅度提高市场占有率

C. 开发出的产品多为模仿品

D. 新产品创意构思来源于市场营销和生产过程

E. 新产品开发的方式是自行研制开发、引进开发或合作开发

▼考点：新产品开发的方式

8. ［单选］在新产品开发的各种方式中，有利于产品更新换代、增强企业竞争能力，并有利于企业保留技术秘密，形成企业的技术优势的开发方式是（　　）。

A. 自行研制开发　　　　　　　　B. 引进开发

C. 委托开发　　　　　　　　　　D. 合作开发

9. ［单选］某产品有广阔的市场，若一个企业为了尽快掌握该产品的制造技术，缩短开发周期，尽快将该产品投入国内外市场，适宜采用的新产品开发是（　　）。

A. 自行研制开发　　　　　　　　B. 引进开发

C. 结合开发　　　　　　　　　　D. 合作开发

✎学习笔记

Day 37

▽ **考点**：新产品开发的过程

1. [单选] 明确企业要开发的新产品所在的行业与领域、企业开发该产品所要达到的目的、企业将以哪种形式开发该新产品，是新产品开发过程中（　　）阶段的任务。

   A. 新产品的鉴定与评价

   B. 新产品创意构思筛选

   C. 新产品开发决策

   D. 市场调查研究与提出新产品开发整体设想

2. [单选] 企业的新产品开发组织根据新产品开发任务书的规定和消费者对新产品的要求，运用现代科学与技术手段，形成完整的产品概念。这些活动是新产品的（　　）。

   A. 创意构思

   B. 开发决策

   C. 设计

   D. 试制

3. [单选] 企业在新产品正式投放市场之前，将新产品及其包装、品牌名称、商标和市场营销方案等置于一定的市场环境中，以了解消费者对新产品的实际反应和新产品的市场规模，这些活动属于新产品开发过程的（　　）环节。

   A. 鉴定   B. 市场试销

   C. 设计与试制   D. 评价

4. [多选] 新产品鉴定一般分为样品鉴定和小批试制鉴定，样品鉴定的内容主要有（　　）。

   A. 工艺文件和工艺装备是否齐全

   B. 零件加工装备是否齐全

   C. 新产品的设计资料是否完整

   D. 样品外观质量是否符合技术要求

   E. 零部件、备件是否完整

5. [多选] 新产品设计一般分为（　　）阶段。

   A. 工艺设计   B. 渠道设计

   C. 初步设计   D. 技术设计

   E. 工作图设计

6. [单选] 消费者在一定期限（如一年、一个季度或一个月）内购买该产品的次数被称为（　　）。

   A. 购买频率   B. 再购率

   C. 试用率   D. 离差率

7. [单选] 在新产品的市场试销中，消费者第一次购买该新产品的比率被称为（　　）。

   A. 购买频率   B. 再购率

   C. 试用率   D. 离差率

8. [单选] 某企业确定新产品投放市场的时间，可以选择的方式不包括（　　）。
   A. 率先进入 B. 同时进入
   C. 滞后进入 D. 试销进入

学习笔记

本章学习检查表

知识点名称	初次学习		第一次复习		第二次复习	
	做对题目数/总题目数	学习日期	做对题目数/总题目数	复习日期	做对题目数/总题目数	复习日期
技术管理概述						
技术改造概述						
技术改造项目的确定及其可行性研究						
技术改造方案优化选择的方法						
设备的寿命						
设备更新的方法						
新产品开发战略的基本类型						
新产品开发的方式						
新产品开发的过程						

填写建议：

"做对题目数/总题目数"记录自己各知识点做题的情况，比如，某知识点总题目数10题，自己做对了其中7题，记录为7/10。

"学习日期"和"复习日期"记录自己学习和复习各知识点的日期。

备忘录

参考答案及解析

Day 32

1. ABDE [解析] 技术的特性主要有：复杂性、依赖性、多样性、普及性和动态性。

2. A [解析] 狭义的技术改造包括：①设备更新改造；②工艺改革；③产品更新换代；④厂房、生产性建筑物和公用工程的翻新、改造；⑤燃料、原材料综合利用和对粉尘、噪声的治理；⑥零星固定资产的购置。

3. C [解析] 工艺改革即运用新的科技成果，对产品的材料，加工制造的方法、技术和过程等进行改进与革新，C项正确。设备更新改造是用新的技术装备替换那些在技术上或经济上不宜继续使用的技术设备，注意概念的区分。

4. D [解析] 技术改造就是在坚持科学技术进步的前提下，在企业现有的基础上，用先进技术代替落后技术，用先进的工艺和装备代替落后的工艺和装备，以改变企业落后的技术面貌，实现以内涵为主的扩大再生产，达到提高产品质量、促进产品更新换代、节约能源、降低消耗、扩大生产规模、全面提高企业和社会经济效益的目的。进行技术改造是实现可持续发展、走集约化经营和提高企业价值的必由之路。

5. ACD [解析] 技术改造的原则有：①以提高经济效益为中心，把提高企业经济效益和社会效益结合起来；②以内涵为主扩大再生产；③全面规划，首先抓好解决企业关键问题、薄弱环节和重点项目的技术改造；④量力而行，从企业人力、财力、物力的实际出发；⑤以产品生产为主体，以工艺技术为基础，使各个方面工作协调配套；⑥把技术先进性、生产适用性、经济合理性结合起来。

6. CDE [解析] 深层技术改造主要表现为企业科学化管理的实施。它是企业技术改造的核心，如新管理方法的实施，生产方式的革新，新机构、新组织形式的采用，新市场的开拓等。表层技术改造主要表现为企业的装备更新，如能源的获得、新投入的增加、新设备的添置、新厂房的建造等，A、B两项错误。

7. A [解析] 内层技术改造主要表现为企业对科学技术的运用。它是企业技术装备有效发挥作用的重要手段，如新技术的应用、新产品的开发、新工艺的发明。

8. CD [解析] 表层的技术改造主要是设备更新，如能源的获得、新投入的增加、新设备的添置、新厂房的建造等。

9. D [解析] 企业技术改造可分为表层技术改造、内层技术改造和深层技术改造。其中深层技术改造主要表现为企业科学化管理的实施，它是企业技术改造的核心。

• 考点再现

Q_{6-9} 技术改造的层次如表6-3所示。

表6-3 技术改造的层次

层次	主要内容
表层技术改造	主要表现为企业的装备更新，如能源的获得、新投入的增加、新设备的添置、新厂房的建造等
内层技术改造	主要表现为企业科学技术的运用。它是企业技术装备有效发挥作用的重要手段，如新技术的应用、新产品的开发、新工艺的发明
深层技术改造	主要表现为企业科学化管理的实施。它是企业技术改造的核心，如新管理方法的实施，生产方式的革新，新机构、新组织形式的采用，新市场的开拓等

Day 33

1. ACDE [解析] 技术改造项目可行性研究分为四个阶段：①确定投资方向阶段；②项目的初步选择阶段；③项目拟订阶段；④项目的评价和决定阶段。

2. ACDE [解析] 技术改造项目应该遵循的原则包括：①当技术改造项目涉及外贸、外资及产品或原料价格等因素时，必须进行国民经济评价；②应运用综合的指标体系，从不同侧面反映出技术改造项目的经济效果；③原则上以项目追加投资与新增收益来评价技术改造项目的经济效果；④要从整个企业的角度评价技术改造项目的实际效益。

3. D [解析] 技术可行性分析的核心是企业技术改造的技术等级的选择问题。按照技术的先进程度可以将技术划分为五个等级：即尖端技术、先进技术、中间技术、初级技术、原始技术。企业应该根据自身的实际情况，选择适用技术。

4. C [解析] 根据总投资计算公式，代入相关数值得：$K_总 = K_新 + K_损 - K_利 = 8\,000 + 500 - 50 = 8\,450$（万元）。

5. （1）C [解析] 技术改造项目的经济可行性分析，需要对技术改造方案的总投资和经济效益进行对比分析。

   （2）C [解析] 从题目可看出，这是只提高技术装备水平的技术改造项目，经济效益可套用公式：年度经济效益＝改造后年产品产量×改造前后产品单位成本差－标准投资收益系数×技术改造总投资，即 $E = Q_1(C_0 - C_1) - E_0 K_总 = 3\,000 \times (580 - 500) - 0.3 \times 5\,000 = 238\,500$（万元）。

   （3）ABD [解析] 在计算技术改造方案的总投资时，除了考虑由于进行技术改造而追加的投资，还应该把由于技术改造引起的某些生产能力消失给企业造成的损失计入总投资之中。总投资可按下式计算：$K_总 = K_新 + K_损 - K_利$，A、B、D 三项正确。

6. （1）ACD [解析] 技术改造的原则包括：①以提高经济效益为中心，把提高企业经济效益和社会效益结合起来；②以内涵为主扩大再生产；③全面规划，首先抓好解决企业关键问题、薄弱环节和重点项目的技术改造；④量力而行，从企业人力、财力、物力的实际出发；⑤以产品生产为主体，以工艺技术为基础，使各个方面工作协调配套；⑥把技术先进性、生产适用性、经济合理性结合起来。

   （2）B [解析] 根据技术改造项目总投资的公式，$K_总 = K_新 + K_损 - K_利 = 8\,000 + 500 - 50 = 8\,450$（万元）。

   （3）A [解析] 根据公式，年度经济效益＝改造后年产品产量×改造前后产品单位成本差－标准投资收益系数×技术改造总投资，即 $E = Q_1(C_0 - C_1) - E_0 K_总 = 50 \times (2\,000 - 1\,800) - 0.3 \times 6\,000 = 8\,200$（万元）。

Day 34

1. C [解析] 根据公式，投资回收期（T）＝投资总额÷年平均净收益＝$K \div P$，计算结果（如表6-4所示）。

表6-4　各方案的投资回收期

方案	投资回收期（$T = K \div P$）
方案1	$600 \div 110 = 5.5$
方案2	$500 \div 100 = 5$

第六章 技术改造与新产品开发

续表

方案	投资回收期（$T=K \div P$）
方案 3	$420 \div 90 = 4.7$
方案 4	$400 \div 75 = 5.3$

方案 3 的投资回收期 T 最短，所以选择方案 3。

2. A ［解析］技术改造方案优化选择的方法主要介绍了投资回收期法、追加投资回收期法和效益成本分析法。效益成本分析法是通过计算和比较技术改造项目的各方案在整个寿命期间内收益的现值与成本比率，以确定各技术改造方案排列的优先次序和取舍的方法。

3. A ［解析］效益成本分析法是通过计算和比较技术改造项目的各方案在整个寿命期间内收益的现值与成本比率，以确定各技术改造方案排列的优先次序和取舍的方法。这种方法是考虑资金时间价值的动态评价的一种方法，用益本率指标反映。当方案的益本率大于 1 时，可以考虑接受方案；当益本率小于 1 时，方案应予拒绝；而当益本率等于 1 时，得等于失，此时应视资金的充足与否而决定方案的取舍。

4. B ［解析］设备寿命分为使用寿命、经济寿命和技术寿命。设备的经济寿命是考虑设备的有形磨损，根据最小使用费用（成本）的原则确定的设备寿命。

5. A ［解析］设备的使用寿命是指在正常使用、维护和保养的条件下设备的服务时间。

6. C ［解析］设备技术寿命是指从设备投入使用到因技术进步而更新所经历的时间。在技术寿命期间所对应的年平均使用费用（成本）称为技术寿命费用。

7. C ［解析］设备技术寿命是指从设备投入使用到因技术进步而更新所经历的时间。在技术寿命期间所对应的年平均使用费用（成本）称为技术寿命费用。

8. B ［解析］设备的经济寿命也称最佳更新期，是考虑设备的有形磨损，根据最小使用费用（成本）的原则确定的设备寿命。

考点再现

Q_{4-8} 设备的寿命如表 6-5 所示。

表 6-5 设备的寿命

设备寿命	主要内容
使用寿命	在正常使用、维护和保养的条件下设备的服务时间
经济寿命	（1）也称最佳更新期，考虑设备的有形磨损，根据最小使用费用（成本）的原则确定的设备寿命。经济寿命费用对应的设备使用年限就是该设备的经济寿命 （2）费用构成：①购置设备时的投资费用（年限越长，分摊越少）；②维修保养、燃料动力消耗和劳务支出等经营费用（年限越长，支出越多） （3）投资与维护费用之和的最小值即为该设备的经济寿命费用
技术寿命	从设备投入使用到因技术进步而更新所经历的时间。在技术寿命期间所对应的年平均使用费用（成本）称为技术寿命费用

Day 35

1. A ［解析］设备更新是指用技术性能更完善、经济效益更显著的新型设备来替换原有在技术上不能继续使用或经济效益上不宜继续使用的设备。

2. AD [解析] 确定设备最佳更新期的方法有多种，常用的有低劣化数值法和面值法。

3. (1) C [解析] 设备更新时无残值，在 λ 和 K_0 已知的情况下，计算最佳更新年限，代入公式，最佳更新年限 $=\sqrt{\dfrac{2K_0}{\lambda}}=\sqrt{\dfrac{2\times 16\,000}{1\,000}}\approx 6$（年）。

(2) D [解析] 根据平均每年的设备费用总和公式，可得设备费用总和的最小额度为：
$Y=\dfrac{\lambda}{2}T+\dfrac{K_0-0}{T}=\dfrac{1\,000}{2}\times 6+\dfrac{16\,000}{6}\approx 5\,667$（元）。

(3) AD [解析] 确定设备最佳更新期的方法有多种，常用的有低劣化数值法和面值法。

(4) A [解析] 根据低劣化数值法的计算公式推导可知，低劣化数值法是使设备费用总和最小的一种计算方法。

4. (1) B [解析] 仪器原值 $M=5\,000$，根据题中给出数据，相关费用计算结果如表 6-6 所示。

表 6-6　相关费用计算结果　　　　　　　　　　　　　　　　　　单位：元

使用年限 n	1	2	3	4	5	6	7
维持费用 Y_t	1 000	1 100	1 200	1 300	1 600	1 900	2 200
实际残值 L_n	3 500	2 500	1 800	1 300	800	600	500
累计维持费用 $\sum Y_t$	1 000	2 100	3 300	4 600	6 200	8 100	10 300
损失价值 $=M-L_n$	1 500	2 500	3 200	3 700	4 200	4 400	4 500
使用费用 $=M-L_n+\sum Y_t$	2 500	4 600	6 500	8 300	10 400	12 500	14 800
年度使用费用 $P_n=\dfrac{M-L_n+\sum_{t=1}^{n}Y_t}{n}$	2 500	2 300	2 167	2 075	2 080	2 083	2 114

从表 6-6 计算结果看，第 4 年年度使用费用最少，所以该精密仪器的最佳更新期应为 4 年。

(2) C [解析] 根据上题计算结果可知，最低年度使用费为 2 075 元。

Day 36

1. C [解析] 保持地位战略适用于实力一般、资源较少，且处于成熟产业或夕阳产业中的中小企业。A 项，进取战略适用于实力雄厚的大企业。B 项，紧随战略适用于规模较小、开发能力不强的中小企业。D 项，冒险战略适用于实力雄厚的大企业集团。

2. B [解析] 紧随战略是指企业不抢先研制开发新产品，而当市场上一出现新产品，就立即进行仿制或寻找新产品的缺点而加以改进创新，以生产出功能、款式、包装等更好的产品。A 项，进取战略是指企业以较强的进取精神和雄厚的研究开发实力，推动新产品开发，使新产品尽快投放市场的战略。C 项，保持地位战略是指企业通过有选择地开发一些风险较小，且不改变企业基本产品结构的新产品，以保持企业现有的市场地位和竞争能力的新产品开发战略。D 项，冒险战略是企业倾注全力将大量资源投入新产品的开发，甚至不惜影响现有的生产经营秩序，以期彻底摆脱眼前困境或获取超常利益的战略。

3. A [解析] 进取战略是指企业以较强的进取精神和雄厚的研究开发实力，推动新产品开发，使新产品尽快投放到市场的战略。

4. AD [解析] 新产品开发战略的核心内容是：确定企业新产品开发的领域、新产品开发的目标、达到目标的途径和方法。A、D两项正确。

5. ACD [解析] 进取战略的特征有：①新产品开发的竞争域一般限定在产品的最终用途和技术方面；②新产品开发的目标一般确定为迅速扩大企业规模和提高市场占有率；③新产品创意构思多来源于市场营销或研究与开发的成果，或两者的结合；④新产品创新的程度能达到首创水平，至少部分首创；⑤在新产品投放市场时机的选择上，多数确定为率先投入；⑥新产品开发的方式一般为自行研制开发或合作开发。

6. DE [解析] 紧随战略的基本特征有：①新产品开发的竞争域确定在产品的最终用途一个方面；②新产品开发的目标一般确定为企业规模有所扩大；③新产品创意构思来源于市场营销和生产过程；④开发出的新产品一般为仿制的改进品；⑤新产品投放市场多为择机投入；⑥新产品开发方式一般为自行研制或委托开发。

7. ABE [解析] 冒险战略的基本思路有：①竞争域是产品的最终用途和技术结合；②新产品的开发目标是企业快速发展和大幅度提高市场占有率；③创意来自研发与开发成果或许可证贸易；④创新期望是首创，甚至是首创中的艺术性突破；⑤投放多为率先投放；⑥自行研制开发、引进开发、合作开发。

8. A [解析] 自行研制开发是指企业根据国内外市场需求的状况和自身的条件，进行基础理论及应用技术研究，从根本上探讨新产品的原理、技术、结构，并进行自行设计、自行研制的开发活动。采取这种方式开发新产品不仅有利于产品更新换代、增强企业竞争能力，而且也有利于企业保留技术秘密，形成企业的技术优势。

9. B [解析] 引进开发是指企业通过技术合作、技术转移、购买技术专利等引进国内外先进成熟的应用技术和制造技术，并以此来实现新产品开发的技术开发方式。引进开发可较快掌握新产品的制造技术，缩短开发周期，尽快将新产品投入国内外市场；同时可缩短与同类产品的技术差距，减少技术风险。适用于产品有广阔市场的企业。

Day 37

1. D [解析] 市场调查研究与提出新产品开发整体设想是企业在市场经营过程中，通过调查研究，了解和分析市场上出现的新需求和新情况，并在此基础上，提出本企业当前开发新产品的整体设想。

2. C [解析] 新产品开发的过程包括：①调查研究与提出新产品开发整体设想；②新产品创意构思；③新产品创意构思的筛选；④新产品开发决策；⑤新产品的设计与试制；⑥新产品的鉴定与评价；⑦市场试销；⑧投放市场。其中，新产品的设计与试制中，新产品的设计是指企业的新产品开发组织根据新产品开发任务书的规定和消费者对新产品的要求，运用现代科学与技术手段对产品功能及其各层次进行的设计，形成完整的产品概念。

3. B [解析] 市场试销是新产品通过了鉴定以后，在正式投放市场之前组织的试验性销售，即将新产品及其包装、品牌名称、商标和市场营销方案等置于一定的市场环境之中，以了解消费者对新产品的实际反应和新产品市场的大小。

4. CDE [解析] 样品鉴定主要应包括以下内容：①检查新产品的设计资料是否完整，样品是否符合技术任务书、国家标准和其他技术文件的规定；②检查样品的精度和外观质量是否符合技术要求，并进行空运转试验和负荷运转试验，然后再检查样品的精度；③检查零部件、备件的完整性；④对样品的结构、性能、工艺性和经济性作出总评价，对样品的优缺点作出结论，并提出改进建议，编写出样品鉴定书，提出是否可以转入小批试制的意见。

5. CDE ［解析］新产品设计一般分为初步设计、技术设计和工作图设计三个阶段。

6. A ［解析］市场试销数据包括：①试用率。消费者第一次购买该新产品的比率。②再购率。消费者再次购买该产品的比率。③购买频率。消费者在一定期限（如一年、一个季度或一个月）内购买该产品的次数。

7. C ［解析］市场试销数据包括试用率、再购率、购买频率。试用率是消费者第一次购买该新产品的比率。

8. D ［解析］确定新产品投放市场的时间，企业可以做出三种选择：①率先进入，这样可以获得先入为主的优势，率先在消费者心目中树立品牌形象和企业声誉；②同时进入，这样可与竞争者共同分担广告促销费用，分担市场风险；③滞后进入，即在竞争者产品上市后进入市场，这样可使企业节省广告宣传费用，还可避免新产品上市可能出现的风险。

本章强化测试

第七章　员工招聘与员工培训

> **学习指导**

本章主要涉及人力资源方面的知识，包括工作分析、员工招聘、员工培训等。本章不属于案例题考查章节，历年考查分值在 13 分左右。

本章内容考查题型多为单选题和多选题，内容比较简单，与实际联系紧密，学习时注意概念的区分，多理解并记忆。

日期	考点
Day38	➤工作分析的概念与作用 ➤工作分析的步骤与方法 ➤工作说明书的编写
Day39	➤员工招聘的含义与作用 ➤员工招聘的程序
Day40	➤员工招聘的渠道 ➤员工招聘中常用的人员甄选技术
Day41	➤员工培训的含义和目的 ➤员工培训的需求分析 ➤员工培训的实施
Day42	➤员工培训的方法

▶▶ Day 38

▽ **考点**：工作分析的概念与作用

1. ［单选］工作分析又称为（　　）。
   A. 岗位描述　　　　　　　　　　B. 职务描述
   C. 工作说明书　　　　　　　　　D. 职位分析

2. ［单选］管理者搜集企业内部某种职位信息和任职条件信息，并以特定格式将这些信息描述出来，这一过程称为（　　）。
   A. 职务分析　　　　　　　　　　B. 工作分析
   C. 职务描述　　　　　　　　　　D. 岗位描述

3. ［多选］下列关于工作分析的说法，正确的有（　　）。
   A. 工作分析为企业战略的落实和组织结构的优化奠定了坚实的基础
   B. 工作分析为企业制定科学的人力资源规划提供了必要的信息
   C. 工作分析为员工招聘提供了大概的标准

D. 工作分析对于企业的绩效考核工作并没有明显的作用

E. 工作分析为企业制定公平合理的薪酬政策奠定了基础

▽ **考点**：工作分析的步骤与方法

4. ［单选］工作分析中的关键环节是（　　）。

   A. 形成结果阶段

   B. 分析阶段

   C. 调查阶段

   D. 准备阶段

5. ［多选］在工作分析的形成结果阶段，应进行的主要工作包括（　　）。

   A. 组建工作分析小组

   B. 制订工作分析计划

   C. 形成工作分析报告

   D. 审查工作信息

   E. 形成工作说明书

6. ［多选］在工作分析的调查阶段，主要进行的工作包括（　　）。

   A. 制订工作分析计划

   B. 组建工作分析小组

   C. 收集背景资料

   D. 收集基本数据与信息

   E. 审查工作信息

7. ［单选］某企业进行工作分析时，请员工按时间顺序记录其在一个月内所从事的各项工作以及所消耗的时间等各种细节。该企业采用的工作分析方法是（　　）。

   A. 面谈法

   B. 观察法

   C. 问卷法

   D. 工作日志法

8. ［多选］工作分析的方法主要有（　　）。

   A. 访谈法

   B. 询问法

   C. 问卷法

   D. 观察法

   E. 工作日志法

▽ **考点**：工作说明书的编写

9. ［单选］关于工作任职者应该做什么、如何做以及在什么条件下做的一种规范文件称为（　　）。

   A. 任职说明书

   B. 职位描述书

   C. 工作日志

   D. 工作概述

10. ［单选］工作说明书的编写步骤不包括（　　）。
    A. 全面获取工作信息　　　　　　　　B. 综合处理工作信息
    C. 完成撰写工作说明书　　　　　　　D. 套用工作说明书模板生成内容

✎ 学习笔记

Day 39

考点：员工招聘的含义与作用

1. [单选] 员工招聘是企业填补职位空缺和（　　）的主要渠道。
   A. 改善员工结构
   B. 提升工作业绩
   C. 扩大运营规模
   D. 树立良好形象

2. [单选] 企业一般在（　　）时进行员工招聘。
   A. 企业盈利
   B. 企业亏损
   C. 企业新建、扩张或者职位空缺
   D. 企业改革

3. [单选] 企业在招聘过程中根据空缺职位特点筛选并聘用符合要求的人员，这样做的好处是（　　）。
   A. 提高企业知名度
   B. 降低企业成本
   C. 有利于员工高质量、高效率完成工作
   D. 改善企业管理水平

考点：员工招聘的程序

4. [单选] 企业在招聘关键职位人员时，最高管理层必须参与的招聘环节是（　　）。
   A. 招聘决策
   B. 发布招聘信息
   C. 选择招聘渠道
   D. 收集求职资料

学习笔记

第七章 员工招聘与员工培训

Day 40

▼ **考点**：员工招聘的渠道

1. [单选] 猎头公司主要为企业招聘（　　）。
   A. 基层管理人员　　　　　　　　B. 中层管理人员
   C. 高层管理人员　　　　　　　　D. 一般技术人员

2. [单选] 某企业从采购部经理和仓储经理中选择一人担任销售部经理，该企业采用的招聘方法是（　　）。
   A. 晋升　　　　　　　　　　　　B. 职位转换
   C. 职位轮换　　　　　　　　　　D. 工作扩大

3. [多选] 与内部招聘相比，外部招聘的优点主要有（　　）。
   A. 能够提高员工的晋升机会
   B. 能够降低企业对聘用人员的误用率
   C. 能够拓展企业的招聘范围
   D. 有利于企业工作创新
   E. 能够为企业注入"新鲜血液"

4. [多选] 企业外部招聘的形式主要有（　　）。
   A. 媒体广告招聘　　　　　　　　B. 校园招聘
   C. 晋升　　　　　　　　　　　　D. 猎头公司招聘
   E. 人才招聘会招聘

5. [多选] 内部招聘的不足包括（　　）。
   A. 企业失去选择外部优秀人才的机会
   B. 容易导致企业内部部门之间员工之间的矛盾
   C. 带来新鲜血液
   D. 容易导致"近亲繁殖"
   E. 不利于工作创新

▼ **考点**：员工招聘中常用的人员甄选技术

6. [单选] 企业对员工在某一方面经过学习或训练后能达到的能力水平进行心理测评，这种测验属于（　　）。
   A. 成就测评　　　　　　　　　　B. 智力测评
   C. 人格测评　　　　　　　　　　D. 倾向测评

7. [单选]（　　）是员工招聘中最常用的一种方法，也是争议较多的一种方法，效果有时较好，有时较差，具有不稳定性。
   A. 心理测评　　　　　　　　　　B. 情景模拟考试
   C. 面试　　　　　　　　　　　　D. 知识考试

8. [单选] 某企业将求职者安排在模拟的、逼真的工作环境中，要求求职者处理可能出现的各种问题，该方法属于（　　）。
   A. 心理测评　　　　　　　　　　B. 知识考试

C. 情景模拟考试 D. 面试
9. ［多选］企业招聘员工常用的测试方法有（　　）。
   A. 心理测评 B. 情景模拟考试
   C. 面试 D. 知识考试
   E. 朋友侧面了解

学习笔记

Day 41

▼ 考点：员工培训的含义和目的

1. [单选] 员工培训能够使员工掌握（　　）所需的知识和技能。
   A. 现有工作岗位和将要从事的工作
   B. 仅现有工作岗位
   C. 仅将要从事的工作
   D. 其他部门的工作

▼ 考点：员工培训的需求分析

2. [单选] 企业在进行员工培训需求分析时，应该把（　　）作为企业员工培训的目标。
   A. 企业层面的培训需求分析
   B. 企业、工作和员工个人层面三方的共同需求
   C. 工作层面的培训需求分析
   D. 员工层面的培训需求分析

3. [多选] 员工层面的培训需求分析具体包括（　　）。
   A. 企业目标
   B. 企业员工的专业领域
   C. 企业特征
   D. 企业员工的知识结构
   E. 企业员工的年龄结构

4. [多选] 工作层面的培训需求分析主要包括（　　）。
   A. 工作的饱和程度
   B. 工作的安全程度
   C. 工作的难易程度
   D. 工作环境的变化
   E. 工作的复杂程度

▼ 考点：员工培训的实施

5. [单选] 员工培训目标包括三个基本要素，即内容要素、条件要素和（　　）。
   A. 标准要素　　　　　　　　　　　B. 业绩要素
   C. 需求要素　　　　　　　　　　　D. 结果要素

6. [单选] 企业对培训对象应做的准备工作具体包括（　　）。
   A. 人员落实；指导培训对象准备工作
   B. 人员落实；培训对象动员
   C. 人员落实；培训对象动员；指导培训对象准备工作
   D. 培训对象动员；指导培训对象准备工作

7. [单选] 在企业员工培训工作中，实施培训的主体是（　　）。
   A. 部门主管　　　　　　　　　　　B. 参与培训的人员

C. 高层管理人员　　　　　　　　D. 员工培训者

8. [多选] 实施员工培训计划，主要的工作环节有（　　　）。
   A. 分析培训需求
   B. 执行培训计划
   C. 反馈培训信息
   D. 修正培训计划
   E. 检查各个培训环节

9. [多选] 员工培训效果的评估包括（　　　）方面。
   A. 人员落实　　　　　　　　　　B. 受训者的反应
   C. 学习　　　　　　　　　　　　D. 行为
   E. 结果

✎学习笔记

Day 42

▽ 考点：员工培训的方法

1. ［单选］某企业在进行市场营销人员培训时，请培训对象分别扮演营销主管、营销员工和客户，并对存在的各种营销问题进行分析和处理，以培养和提高市场营销人员的工作能力。该企业采用的培训方法是（　　）。
   A. 情景模拟法
   B. 行动学习法
   C. 案例研究法
   D. 行为示范法

2. ［单选］（　　）是一种由管理人员与专业教练进行的一对一的培训方式。
   A. 教练方法
   B. 案例研究法
   C. 情景模拟法
   D. 行为示范法

3. ［单选］（　　）适用于一般性知识的培训。
   A. 授课法
   B. 行动学习法
   C. 情景模拟法
   D. 讨论法

4. ［多选］下列属于授课法的优点的有（　　）。
   A. 可以同时对较多的人进行培训，成本低
   B. 易操作
   C. 贴近培训对象工作和生活实际
   D. 互动性强
   E. 培训者能对授课过程进行有效控制

5. ［多选］常用的在职培训方法有（　　）。
   A. 教练
   B. 师带徒
   C. 关键事件法
   D. 行动学习
   E. 再就业培训

6. ［多选］下列属于常用的脱产培训方法的有（　　）。
   A. 教练
   B. 情景模拟法
   C. 案例研究法
   D. 讨论法
   E. 授课法

学习笔记

本章学习检查表

知识点名称	初次学习		第一次复习		第二次复习	
	做对题目数/总题目数	学习日期	做对题目数/总题目数	复习日期	做对题目数/总题目数	复习日期
工作分析的概念与作用						
工作分析的步骤与方法						
工作说明书的编写						
员工招聘的含义与作用						
员工招聘的程序						
员工招聘的渠道						
员工招聘中常用的人员甄选技术						
员工培训的含义和目的						
员工培训的需求分析						
员工培训的实施						
员工培训的方法						

填写建议：

"做对题目数/总题目数"记录自己各知识点做题的情况，比如，某知识点总题目数10题，自己做对了其中7题，记录为7/10。

"学习日期"和"复习日期"记录自己学习和复习各知识点的日期。

备忘录

参考答案及解析

Day 38

1. D [解析] 工作分析，也叫作职位分析或岗位分析。

2. B [解析] 工作分析，也叫职位分析、岗位分析，是管理者了解企业内的一种职位信息和任职条件信息，并以一种格式把与这种职位有关的信息描述出来，从而使其他人能了解这种职位和人员需求的过程。

3. ABE [解析] 工作分析的主要作用为：①工作分析为企业战略的落实和组织结构的优化奠定了坚实的基础；②工作分析为企业制定科学的人力资源规划提供了必要的信息；③工作分析为企业的员工招聘提供了明确的标准；④工作分析为企业的员工培训和开发提供了明确的依据；⑤工作分析为企业的绩效考核工作提供了科学的依据；⑥工作分析为企业制定公平合理的薪酬政策奠定了基础。

4. B [解析] 分析阶段是工作分析中的关键环节，主要任务是对调查阶段所得到的工作信息进行审查和分析。

5. CE [解析] 工作分析在形式上的最终结果是一个关于职位具体职责和任职者条件的工作说明书及反映企业各职位工作状况的工作分析报告。

6. CD [解析] 工作分析调查阶段的工作包括：①收集背景资料；②收集基本数据与信息；③收集工作任职者的意见和建议。

> **●考点再现**
>
> Q_{4-6} 工作分析的步骤。
>
> （1）准备阶段。包括：①确定工作分析目的；②制订工作分析计划；③组建工作分析小组；④建立有效的沟通体系；⑤确定调查和分析对象的样本。
>
> （2）调查阶段。包括：①收集背景资料；②收集基本数据与信息；③收集工作任职者的意见和建议。
>
> （3）分析阶段。这一阶段是工作分析中的关键环节，主要任务是对调查阶段所得到的工作信息进行审查和分析。
>
> （4）形成结果阶段。包括：①工作说明书；②工作分析报告。
>
> （5）应用反馈阶段。工作说明书形成以后，要注意将职位描述书、任职说明书和工作分析报告应用于实际工作中，并注意收集应用过程中的反馈信息，不断完善，并根据分析报告中指出的问题改进工作。

7. D [解析] 工作日志法就是由从事某项工作的员工按时间顺序记录在一段时期内所从事的各项工作活动或任务以及所耗费的时间等各种细节，由此来了解员工实际工作的内容、责任、权力、人际关系及工作负荷的一种方法。

8. ACDE [解析] 工作分析的方法主要有观察法、访谈法、问卷法、工作日志法和工作实践法。

9. B [解析] 工作说明书一般包括两部分，即职位描述书和任职说明书。职位描述书是关于工作任职者应该做什么、如何做以及在什么条件下做的一种规范文件；任职说明书是关于工作任职者为了圆满完成工作所必须具备的知识、能力和技术的说明与规定。

10. D [解析] 工作说明书的编写步骤包括三步：第一步，全面获取工作信息；第二步，综合处理工作信息；第三步，完成撰写工作说明书。

Day 39

1. A [解析] 员工招聘是企业填补职位空缺、改善员工结构的主要渠道，对企业人力资源管理具有重要作用。
2. C [解析] 员工招聘一般在企业新建、扩张或者职位空缺时进行。
3. C [解析] 通过合理筛选，使员工与岗位相匹配，为高质量、高效率完成工作奠定基础。
4. A [解析] 招聘的程序有制订招聘计划、制定招聘决策、选择招聘渠道、选择招聘方法、发布招聘信息、收集求职资料、确定录用人员。招聘决策是指企业的最高管理层对于招聘计划中重要事宜，如关键职位人员招聘的条件、方式、时间等问题的决策过程。

Day 40

1. C [解析] 猎头公司专门为企业物色高级管理人员或高级技术人员。
2. B [解析] 内部招聘的形式主要有内部晋升和职位转换。职位转换是指当企业中比较重要的职位出现空缺时，从与该职位同级别但相对较次要职位的人员中挑选适宜人员填补空缺职位的一种方法。
3. CDE [解析] 外部招聘具有如下优点：①能够为企业注入"新鲜血液"，有利于企业拓宽视野。外部人员较少受企业陈规旧俗的限制，能大胆地引入新的管理方法和经营理念。②可以拓展企业的招聘范围。外部招聘面向的受众范围广，可以使企业突破内部招聘范围的局限性从而在更大的范围内招聘和选择员工。③能够使企业快速招聘到所需要的员工。当企业出现专业技术人员和管理人员突然辞职的情况时，可以使企业在不影响现有工作的情况下快速招聘到所需员工。
4. ABDE [解析] 外部招聘的形式有媒体广告招聘、人才招聘会招聘、校园招聘、中介机构招聘、猎头公司招聘、人员推荐、申请人自荐和企业网站招聘等。
5. ABDE [解析] 内部招聘的不足包括：①容易导致"近亲繁殖"，使企业选人、用人的视野逐渐狭窄；②不利于工作创新；③内部晋升或职位转换的必然结果是产生另一职位的空缺，这个空缺也同时需要弥补；④容易导致企业内部部门之间或员工之间的矛盾；⑤若协调不好，还会造成员工的不满和效率的降低；⑥使企业失去选择外部优秀人才的机会。
6. A [解析] 心理测验的内容主要有成就测评、倾向测评、智力测评、人格测评和能力测评。成就测验是用来鉴定一个人在某一方面，经过学习或训练后实际能力水平高低的测评。
7. C [解析] 面试，又称面试测评或专家面试，是一种要求求职者用口头语言来回答主试人员的提问，以便了解应聘者心理素质和潜在能力的一种测评方法。面试是员工招聘中最常用的一种方法，也是争议较多的一种方法，面试效果有时较好，有时较差，具有不稳定性。

8. C ［解析］情景模拟考试是指根据求职者可能进入的职位，编制一套与该职位实际工作相似的测试项目，将求职者安排在模拟的、逼真的工作环境中，要求求职者处理可能出现的各种问题，用多种方法来测评其心理素质、潜在能力的一系列方法。

9. ABCD ［解析］员工招聘中常用的测试方法有心理测评、知识考试、情景模拟考试、面试。

Day 41

1. A ［解析］员工培训不仅能使员工熟练掌握现有工作岗位所需要的知识和技能，而且可以使员工掌握将要从事的工作所必需的知识和技能。

2. B ［解析］企业在进行员工培训需求分析时，应取企业整体、工作及员工个人层面三方的共同需求区域，并以此确定企业员工培训的目标。

3. BDE ［解析］员工层面的培训需求分析包括：①员工的知识结构；②员工的专业领域；③员工年龄结构；④员工个性；⑤员工能力分析。

4. ACE ［解析］工作层面的培训需求分析主要包括：①工作的复杂程度；②工作的饱和程度；③工作的难易程度；④工作内容和形式的变化。

5. A ［解析］每一项员工培训目标都包含着三个基本要素，即内容要素、标准要素和条件要素。

6. C ［解析］培训对象的准备主要包括：①人员落实；②对培训对象进行充分的动员；③指导培训对象做好受训的各种准备。

7. D ［解析］员工培训计划包括培训目标、培训内容、培训对象、培训者、培训时间、培训地点以及培训方法、经费的预算与筹措等，员工培训者是具体实施培训的主体。

8. BCDE ［解析］员工培训的实施过程大致包括四个步骤或环节，即执行、检查、反馈和修正。具体要求：①严格执行培训计划，不可随意偏离计划；②严格检查各个环节，杜绝在计划的执行上流于形式；③重视员工信息的反馈，经常进行分析整理，确保它们的真实性；④根据在实施计划过程中的反馈信息，及时调整和修正原计划。

9. BCDE ［解析］员工培训效果的评估应该包括培训对象的反应、学习、行为和结果。

Day 42

1. A ［解析］情景模拟法是指通过把培训对象置于模拟的现实工作环境中，让他们依据模拟现实中的情景做出及时的反应，分析实际工作中可能出现的各种问题，并解决问题，为进入实际工作岗位打下基础的一种培训方法。情景模拟培训一般是动态进行的，其内容、时间、过程等灵活多样，具有互动性强、信息量大、形象逼真、可操作性强和效果明显等特点。常见的情景模拟培训方法有管理游戏法、角色扮演法和"一揽子"公文处理法。

2. A ［解析］教练方法是一种由管理人员与专业教练进行的一对一的培训方式。

3. A ［解析］授课法适用于一般性的知识培训。授课法是通过培训者讲授或演讲的方式来对培训对象进行培训。

4. AE ［解析］授课法的优点包括可以同时对较多的人进行培训，成本低，培训者能对授课过程进行有效的控制。

5. ABD ［解析］常用的在职培训方法主要有师带徒、工作轮换、教练、行动学习等方法。

6. BCDE [**解析**] 常用的脱产培训方法主要有授课法、讨论法、案例研究法、情景模拟法和网络培训法等。

本章强化测试

第八章 财务管理

> **学习指导**

本章主要涉及财务管理的概念与环节、财务管理的目标与社会责任、筹资管理与投资管理、营运资金管理与利润分配管理、成本费用控制、主要财务报表、财务比率分析等财务相关知识。本章是案例题重点考查章节，历年考查分值在 20 分左右。

本章主要考查题型为单选题、多选题和案例题。本章专业性较强，对于未接触过财务知识的考生来说较难理解，需要多学习课程并反复做练习题，掌握案例题的常考点。

日期	考点
Day43	➢ 财务管理的概念
Day44	➢ 财务管理的环节 ➢ 财务管理的目标与社会责任
Day45	➢ 筹资管理 ➢ 投资管理
Day46	➢ 营运资金管理 ➢ 利润分配管理
Day47	➢ 成本费用项目 ➢ 成本费用控制方法
Day48	➢ 财务分析概述 ➢ 主要财务报表
Day49	➢ 财务比率分析

▶▶▶ Day 43

◆ **考点**：财务管理的概念

1. [单选] 企业偿还银行贷款属于财务活动中的（　　）。

    A. 资金运营活动

    B. 投资活动

    C. 筹资活动

    D. 利润分配活动

2. [单选] 甲公司 2021 年向银行借款 380 万元，该项财务活动属于（　　）。

    A. 分配活动　　　　　　　　　　B. 投资活动

    C. 筹资活动　　　　　　　　　　D. 营收活动

3. [多选] 企业的财务活动包括（　　）引起的财务活动。

A. 筹资活动 　　　　　　　　　　　　B. 投资活动

C. 资金营运活动 　　　　　　　　　　D. 分配活动

E. 生产活动

4. [单选] 企业的年度利润总额包括年度营业外收支净额和年度（　　）。

A. 资产处置收益 　　　　　　　　　　B. 公允价值变动收益

C. 营业利润 　　　　　　　　　　　　D. 投资收益

5. [单选] 某企业提取法定公积金、提取任意公积金，这属于由（　　）活动引起的资金流出。

A. 筹资 　　　　　　　　　　　　　　B. 营运

C. 投资 　　　　　　　　　　　　　　D. 利润分配

6. [单选] 甲公司 2021 年实现利润 1 000 万元，根据我国《公司法》，利润分配时顺序排在最后的是（　　）。

A. 提取法定盈余公积金

B. 提取任意盈余公积金

C. 上缴企业所得税

D. 向股东分配利润

7. [单选] 企业与政府之间是（　　）关系。

A. 所有权性质的投资与受资

B. 强制性分配

C. 契约之上的债务——债权

D. 资本收益分配

8. [单选] 企业与股东之间是（　　）关系。

A. 所有权性质的投资与受资

B. 强制性分配

C. 契约之上的债务——债权

D. 资本收益分配

✎ 学习笔记

Day 44

▼ 考点：财务管理的环节

1. [单选] 财务预测采用销售百分比法的前提是假定（　　）与销售收入存在稳定的百分比关系。

   A. 管理费用和财务费用

   B. 资产和负债

   C. 销售费用和营业成本

   D. 研发费用和营业成本

2. [单选] 使财务战略具体化并能对财务计划进行分解和落实的财务管理环节是（　　）。

   A. 财务分析

   B. 财务预算

   C. 财务控制

   D. 财务决策

3. [单选] 财务考核与奖惩紧密联系，能够作为关键环节支撑企业构建（　　）机制。

   A. 协调与组织

   B. 预警与预算

   C. 计划与监督

   D. 激励与约束

4. [单选] 下列财务预算方法中，不需要考虑前期费用项目和费用水平的是（　　）。

   A. 零基预算法

   B. 调整预算法

   C. 滚动预算法

   D. 增量预算法

5. [单选] 下列财务预算方法中，（　　）是以基期水平为基础，分析预算期业务量水平及有关影响因素的变动情况，通过调整基期项目及数额，编制相关预算的方法。

   A. 零基预算法

   B. 调整预算法

   C. 固定预算法

   D. 弹性预算法

6. [单选] 不利于前后各个期间的预算衔接，不能适应连续不断的业务活动过程的预算管理方法是（　　）。

   A. 定期预算法

   B. 滚动预算法

   C. 固定预算法

   D. 弹性预算法

7. [单选] 假设某工厂 2020 年实际销售收入为 5 000 万元，2021 年预计销售收入为 7 500 万元，2020 年资产和负债总计分别为 7 000 万元和 3 000 万元。假设 2021 年资产、负债销售百分比不变,则 2021 年预计资产、负债分别是（　　）万元。

A. 10 500，3 500

B. 10 500，4 500

C. 10 000，2 350

D. 10 000，6 000

8. [多选] 按预算期的时间特征不同,编制预算的方法可分为（　　）。

A. 定期预算法

B. 固定预算法

C. 弹性预算法

D. 增量预算法

E. 滚动预算法

9. [多选] 企业财务控制的重点内容包括（　　）。

A. 风险控制

B. 作业进度控制

C. 库存控制

D. 成本控制

E. 质量控制

10. [多选] 按决策内容,财务决策可以分为（　　）。

A. 筹资决策

B. 投资决策

C. 股利分配决策

D. 资本结构决策

E. 资本成本决策

▼ 考点：财务管理的目标与社会责任

11. [单选] 某企业协调各方利益,将各利益集团的目标都折中为企业的长期稳定发展和企业总体价值的不断增长,这是把（　　）作为企业财务管理的目标。

A. 利润最大化

B. 每股收益最大化

C. 股东财富最大化

D. 企业价值最大化

12. [单选] 下列关于股东财富最大化财务管理目标的说法,错误的是（　　）。

A. 考虑了风险因素

B. 在一定程度上避免企业在追求利润上的短期行为

C. 考虑了资金的时间价值

D. 适用于各种类型的企业

13. [多选] 下列属于企业财务管理的目标的有（　　）。

A. 利润最大化

B. 每股收益最大化

C. 股东财富最大化

D. 企业价值最大化

E. 成本最低化

14. [多选] 下列责任中，属于企业对非合同利益相关者的社会责任的有（　　）。

A. 设计人性化的工作方式

B. 环境保护

C. 增加员工福利

D. 支持公益活动

E. 参与灾害救助

✎ 学习笔记

Day 45

▽ 考点：筹资管理

1. ［单选］筹资方式中具有抵税作用的是（   ）。
   A. 利用留存收益
   B. 配售普通股
   C. 增发普通股
   D. 租赁筹资

2. ［单选］下列筹资工具中，可能使发行企业在债券筹资基础上，同时实现普通股筹资的是（   ）。
   A. 可转换债券
   B. 认股权证
   C. 分离交易可转债
   D. 认沽权证

3. ［单选］下列筹资方式中，融得的是实物而不是资金的是（   ）。
   A. 发行股票
   B. 利用商业信用
   C. 租赁筹资
   D. 利用银行留存收益

4. ［单选］下列资金中，属于企业自留资本的是（   ）。
   A. 信托资金
   B. 未分配利润
   C. 商业信贷资金
   D. 政策性信贷

5. ［单选］下列不属于企业筹资渠道的是（   ）。
   A. 国家资金
   B. 固定资产变卖
   C. 发行债券
   D. 银行借款

6. ［多选］下列属于发行普通股筹资缺点的有（   ）。
   A. 所筹资金不能永久使用
   B. 筹资风险大
   C. 稀释每股收益
   D. 没有抵税作用
   E. 发行费用高

7. ［多选］下列属于租赁筹资的优点的有（   ）。
   A. 限制较少
   B. 快捷灵活
   C. 资本成本低
   D. 有抵税作用
   E. 到期还本负担轻

▽ 考点：投资管理

8. ［单选］下列不属于固定资产投资特点的是（   ）。
   A. 变现能力强
   B. 回收时间长
   C. 投资数额大
   D. 发生次数少

9. ［多选］下列属于长期股权投资的类型的有（   ）。
   A. 控制
   B. 重大影响
   C. 合营
   D. 合并
   E. 重组

10. ［多选］长期股权投资的后续计量方法包括（　　）。
    A. 成本法　　　　　　　　　　　　B. 利润法
    C. 资产法　　　　　　　　　　　　D. 股权法
    E. 权益法

11. ［多选］投资管理是指对长期投资的管理，包括（　　）。
    A. 固定资产投资管理　　　　　　　B. 长期借款投资管理
    C. 长期债券投资管理　　　　　　　D. 流动资产投资管理
    E. 长期股权投资管理

📝 学习笔记

第八章 财务管理

Day 46

考点：营运资金管理

1. [单选] 在应收账款管理中，用来明确客户获得企业商业信用最低条件的是（　　）。
   A. 信用期限
   B. 信用标准
   C. 信用品质
   D. 信用条件

2. [单选] 交易性金融资产属于（　　）。
   A. 非流动资产
   B. 实收资本
   C. 无形资产
   D. 流动资产

3. [单选] 下列关于企业存货管理的说法，不正确的是（　　）。
   A. 存货是指企业在日常生产经营过程中为生产或销售而储备的物资
   B. 企业拥有充足的存货有利于生产的顺利进行，节约采购费用与生产时间，还可避免因存货不足带来的机会成本
   C. 存货增加能节省更多资金，提高企业获利能力
   D. 要合理确定企业存货的数量，增加存货的使用效率和效益

4. [单选] 营运资金是指（　　）的余额。
   A. 流动资产减去负债
   B. 流动资产减去存货
   C. 流动资产减去应收账款
   D. 流动资产减去流动负债

5. [多选] 应收账款政策包括（　　）三个方面。
   A. 信用标准
   B. 信用费用
   C. 信用条件
   D. 信用约束
   E. 收账政策

考点：利润分配管理

6. [单选] 根据我国《公司法》，公司分配当年税后利润时，应提取净利润的（　　）列入法定公积金。公司法定公积金累计额为注册资本的50%以上的，可以不再提取。
   A. 5%
   B. 10%
   C. 15%
   D. 25%

7. [单选] 公司取得利益后，首先应向国家上缴（　　）。
   A. 剩余公积金
   B. 资本公积金
   C. 法定公积金
   D. 企业所得税

8. ［多选］在我国，公司利润分配的基本方式有（　　）。

A. 现金股利
B. 信用股利
C. 利息股利
D. 资本股利
E. 股票股利

/学习笔记

Day 47

▼ 考点：成本费用项目

1. [单选] 生产企业的折旧费计入（　　）。
   A. 管理费用
   B. 人工费用
   C. 制造费用
   D. 材料费用

2. [单选] M 公司 2020 年向银行支付利息共计 1 000 万元，该笔利息应计入（　　）。
   A. 管理费用
   B. 销售费用
   C. 财务费用
   D. 制造费用

3. [单选] 生产单位（分厂、车间）的管理人员薪酬费用计入（　　）。
   A. 管理费用
   B. 人工费用
   C. 制造费用
   D. 材料费用

4. [单选] 变动成本总额是指在特定的产量范围内其总额随产量变动而（　　）变动的成本。
   A. 反比例
   B. 正比例
   C. 无直接关系
   D. 曲线比例

5. [多选] 期间费用可以分为（　　）。
   A. 生产费用
   B. 研发费用
   C. 销售费用
   D. 管理费用
   E. 财务费用

▼ 考点：成本费用控制方法

6. [单选] 某公司用甲材料生产 A 产品，甲材料标准价格是 50 元/千克，用量标准为 5 千克/件。该公司上月投产 A 产品 10 000 件，领用甲材料为 48 000 千克，其实际价格为 55 元/千克，则上月的甲材料成本差异是（　　）万元。
   A. 10.0
   B. 11.5
   C. 12.5
   D. 14.0

7. [单选]（　　）是一种以市场导向为基础，对有独立的制造过程的产品进行利润计划和成本管理的方法。
   A. 标准成本控制法
   B. 纠正成本控制法
   C. 作业成本控制法
   D. 目标成本控制法

8. [单选] 下列关于作业成本控制法的表述，错误的是（　　）。
   A. 作业成本控制法以作业为中心
   B. 作业成本控制法把企业管理深入作业层次，对所有作业活动进行追踪并动态反映
   C. 利润动因是导致成本发生的因素
   D. 资源动因反映作业量与耗费之间的因果关系

9. [多选] 成本费用控制方法主要包括（　　　）。
   A. 标准成本控制法
   B. 纠正成本控制法
   C. 作业成本控制法
   D. 目标成本控制法
   E. 责任成本控制法

10. [多选] 单位产品的标准成本是由（　　　）组成的。
    A. 制造标准成本
    B. 直接材料标准成本
    C. 实际人工标准成本
    D. 直接人工标准成本
    E. 制造费用标准成本

📝 学习笔记

Day 48

▼ 考点：财务分析概述

1. [单选] 中介机构采用财务报表的主要目的在于（　　）。
   A. 改善企业财务状况
   B. 了解企业纳税情况
   C. 给其他报表使用人提供专业咨询
   D. 决定是否投资

2. [多选] 企业的财务报表的使用关系人有（　　）。
   A. 投资人　　　　　　　　　　　　B. 债权人
   C. 经理人　　　　　　　　　　　　D. 政府
   E. 债务人

▼ 考点：主要财务报表

3. [单选] 资产负债表是反映（　　）。
   A. 某一会计期间资产、负债、所有者权益状况的会计报表
   B. 在一定期间的经营成果及其分配情况的会计报表
   C. 某一特定日期的经营成果及其分配情况的会计报表
   D. 某一特定日期资产、负债、所有者权益状况的会计报表

4. [单选] （　　）是反映企业在一定期间的经营成果及其分配情况的报表，通过该表的信息，可以评价或考核企业经营管理者的经营业绩和能力。
   A. 现金流量表　　　　　　　　　　B. 资产负债表
   C. 年度财务计划表　　　　　　　　D. 利润表

5. [单选] 下列关于企业财务报表的说法，正确的是（　　）。
   A. 在资产负债表中，资产＝负债＋利润
   B. 损益表，也称利润表，是反映企业在一定期间的经营成果及其分配情况的报表
   C. 现金流量表是反映企业某一时点的现金流入和流出的会计报表，它属于静态的会计报表
   D. 损益表是一张静态会计报表

6. [单选] 下列关于现金流量表的表述，错误的是（　　）。
   A. 现金流量表是反映企业在一定期间的经营成果及其分配情况的报表
   B. 现金流量表属于动态的会计报表
   C. 现金等价物必须具备期限短、流动性强、易于转换为已知金额现金、价值变动风险很小的特点
   D. 现金流量表能够反映企业的现金流量，评价企业未来产生现金净流量的能力

7. [多选] 企业的主要财务报表包括（　　）。
   A. 现金流量表　　　　　　　　　　B. 资产负债表
   C. 年度财务计划表　　　　　　　　D. 现金计划表
   E. 损益表

8. ［多选］下列财务数据中，能够在资产负债表中查到的有（　　）。
   A. 现金
   B. 应收账款
   C. 存货
   D. 营业成本
   E. 营业利润

学习笔记

Day 49

考点： 财务比率分析

1. [单选] 产权比率可反映企业财务结构稳健程度，其计算公式为（　　）。
   A.（负债合计÷股东权益合计）×100%
   B.（股东权益合计÷负债合计）×100%
   C.（股东权益合计÷资产合计）×100%
   D.（资产合计÷股东权益合计）×100%

2. [单选] 下列财务指标中，能够反映企业偿债能力的是（　　）。
   A. 应收账款周转率
   B. 销售毛利率
   C. 已获利息倍数
   D. 资本积累率

3. [单选] 下列财务指标中，能够反映企业发展能力的是（　　）。
   A. 已获利息倍数
   B. 销售毛利率
   C. 应收账款周转率
   D. 总资产增长率

4. [单选] 如果某公司的资产总额为1亿元，负债总额为0.7亿元，则其资产负债率为（　　）。
   A. 14.29%
   B. 23.3%
   C. 30%
   D. 70%

5. [单选] 企业的流动资产为1 000万元，其中存货为550万元，流动负债为30万元，则该企业的速动比率为（　　）。
   A. 10
   B. 15
   C. 20
   D. 25

6. [单选] 已获利息倍数是指（　　）。
   A. 流动资产÷流动负债
   B. 负债总额÷资产总额
   C. 负债总额÷所有者权益
   D. 息税前利润÷利息费用

7. [单选] 某企业应收账款周转次数为4.5次。假设一年按365天计算，则应收账款周转天数为（　　）天/次。
   A. 0.2
   B. 60
   C. 81.1
   D. 730

8. [单选] 某企业年末损益表中销售收入为30 000万元，销售成本为18 000万元，应收账款为800万元；年初应收账款为1 200万元。则应收账款周转率为（　　）。
   A. 18
   B. 30
   C. 2.5
   D. 37.5

9. [多选] 某公司近期的经营利润很多，却不能偿还3月内到期债务。为查清其原因，应检查的财务比率包括（　　）。
   A. 资产负债率
   B. 流动比率
   C. 速动比率
   D. 现金流动负债比率
   E. 资产周转率

10. [多选] 长期偿债能力分析指标包括（ ）。
    A. 资产负债率
    B. 产权比率
    C. 已获利息倍数
    D. 速动比率
    E. 现金流动负债比率

11. [多选] 下列属于反映企业营运能力的指标的有（ ）。
    A. 速动比率
    B. 流动比率
    C. 存货周转率
    D. 应收账款周转率
    E. 流动资产周转率

12. [案例] M 公司是一家智能产品制造商，已在深圳创业板上市。为抓住行业发展的战略机遇，M 公司决定 2021 年扩大外部筹资规模，为产品研发和规模扩张提供资金保障。为此，公司总经理组织召开专项会议，分析公司资产负债表情况，制定筹资方案。M 公司 2019 年年末和 2020 年年末主要财务数据摘录如表 8-1 所示。

表 8-1 M 公司 2019 年和 2020 年年末主要财务数据摘录   单位：亿元

项目	2020 年年末余额	2019 年年末余额
货币资金	2.25	2.58
应收账款	3.75	3.25
存货	5.29	3.71
流动资产合计	15.69	14.65
非流动资产合计	7.81	6.55
流动负债合计	7.34	7.14
非流动负债合计	3.41	2.45
股东权益合计	12.75	11.61
资产合计	23.50	21.20

根据以上资料，回答下列问题：

(1) M 公司 2020 年的资产负债率为（ ）。
A. 45.74%
B. 54.75%
C. 43.24%
D. 35.28%

(2) M 公司 2020 年的流动比率为（ ）。
A. 1.28
B. 1.98
C. 1.58
D. 2.14

(3) 若评价 M 公司获利能力对到期债务的保障程度，可采用的指标为（ ）。
A. 产权比率
B. 现金流动负债比率
C. 已获利息倍数
D. 速动比率

(4) M 公司 2020 年存货相比 2019 年大幅增加，会直接影响公司的（ ）指标。
A. 市净率
B. 速动比率
C. 权益乘数
D. 产权比率

(5) M 公司对外筹资时,应该权衡的主要因素为( )。

A. 营运资本　　　　　　　　　　　B. 筹资风险
C. 资本成本　　　　　　　　　　　D. 账面价值

✎ 学习笔记

本章学习检查表

知识点名称	初次学习		第一次复习		第二次复习	
	做对题目数/总题目数	学习日期	做对题目数/总题目数	复习日期	做对题目数/总题目数	复习日期
财务管理的概念						
财务管理的环节						
财务管理的目标与社会责任						
筹资管理						
投资管理						
营运资金管理						
利润分配管理						
成本费用项目						
成本费用控制方法						
财务分析概述						
主要财务报表						
财务比率分析						

填写建议：

"做对题目数/总题目数"记录自己各知识点做题的情况，比如，某知识点总题目数10题，自己做对了其中7题，记录为7/10。

"学习日期"和"复习日期"记录自己学习和复习各知识点的日期。

备忘录

第八章 财务管理

参考答案及解析

Day 43

1. C [解析] 筹资活动：企业组织商品生产，必须以占有或能够支配一定数额的资金为前提。企业筹集资金表现为企业资金的流入。企业偿还借款、支付利息、支付股利以及支付各种筹资费用等则表现为企业资金的流出。这种因为资金筹集而产生的资金收支，是由企业筹资而引起的财务活动。

2. C [解析] 筹资活动：企业筹集资金表现为企业资金的流入。

3. ABCD [解析] 企业的财务活动是指资金的筹集、投放、使用、收回及分配等一系列企业资金收支活动的总称，它贯穿于企业经营过程的始终，包括筹集活动、投资活动、资金运营活动以及利润分配活动。

> ● 考点再现
>
> Q_{1-3} 财务活动如表 8-2 所示。
>
> 表 8-2 财务活动
>
> | 财务活动 | 具体内容 |
> |---|---|
> | 筹资活动 | 企业组织生产，必须以占有或能够支配一定数额资金为前提，表现为资金流入 |
> | 投资活动 | 企业筹资的目的，是将筹集的资金投入企业经营活动，即投资引起资金的流入和流出 |
> | 资金运营活动 | 企业经营过程中产生的资金收支，属于企业经营引起的财务活动 |
> | 利润分配活动 | 企业必须对取得的各种收入依据现行法规及规章作出分配，以全面实现财务目标 |

4. C [解析] 营业利润加上营业外收支净额构成企业的利润总额。

5. D [解析] 利润弥补亏损后首先要按国家规定缴纳企业所得税，税后余额称为净利润或税后利润。按《公司法》规定，税后利润的分配顺序依次为 10% 比例提取法定公积金、提取任意公积金、向股东（投资者）支付股利（分配利润）。

6. D [解析] 利润弥补亏损后首先要按国家规定缴纳企业所得税，税后余额称为净利润或税后利润。按《公司法》规定，税后利润的分配顺序依次为 10% 比例提取法定公积金、提取任意公积金、向股东（投资者）支付股利（分配利润）。

7. B [解析] 企业与政府之间是强制性分配关系。

8. D [解析] 企业与股东之间是资本收益分配关系。

> ● 考点再现
>
> Q_{7-8} 财务关系。
> (1) 企业与政府——强制性分配关系。
> (2) 企业与股东——资本收益分配关系。
> (3) 企业与债权人——建立在契约之上的债务—债权关系。
> (4) 企业与受资者——所有权性质的投资与受资的关系。
> (5) 企业与债务人——债权—债务关系。

(6) 企业与企业内部各单位——企业内部资金使用中的权责关系、利益分配关系与内部结算关系。

(7) 企业与员工——以权、责、绩为依据的在劳动成果上的分配关系。

Day 44

1. B [解析] 销售百分比法是假定资产和负债与销售收入存在稳定的百分比关系，根据预计销售收入和相应的百分比测算各类资产及总资产、各类负债及总负债，然后确定筹资计划的一种财务预测和计划方法。

2. B [解析] 财务预算是根据财务战略、财务计划和各种预测信息，确定预算期内各项预算指标的过程。它是财务战略的具体化，是财务计划的分解和落实。

3. D [解析] 财务考核是将报告期实际完成数与规定的考核指标进行对比，确定有关责任单位和个人是否完成任务的过程。财务考核与奖惩紧密联系，是贯彻责任制原则的要求，也是构建激励与约束机制的关键环节。

4. A [解析] 零基预算法不考虑以往期间的费用项目和费用，能调动各部门降低成本积极性，但工作量大。

5. B [解析] 增量预算法，又称调整预算法，是以基期水平为基础，分析预算期业务量水平及有关影响因素的变动情况，通过调整基期项目及数额，编制相关预算的方法。

6. A [解析] 定期预算法是以固定不变的会计期间作为预算期间编制预算的方法。采用定期预算法编制预算，可以保证预算期间与会计期间在时期上配比。其优点是便于依据会计报告的数据与预算的比较，考核和评价预算的执行结果。其缺点是不利于前后各个期间的预算衔接，不能适应连续不断的业务活动过程的预算管理。

7. B [解析] 根据公式：$\dfrac{上年实际资产（负债）总额}{上年实际销售收入} \times 100\% = \dfrac{本年预计资产（负债）总额}{本年预计销售收入} \times 100\%$，代入相关数值，则2021年预计资产＝7 500×（7 000÷5 000）×100％＝10 500（万元）；2021年预计负债＝7 500×（3 000÷5 000）×100％＝4 500（万元）。

8. AE [解析] 按预算期的时间特征不同，编制预算的方法可分为定期预算法和滚动预算法两类。按业务量基础的数量特征不同，编制预算的方法可分为固定预算法和弹性预算法两类。按出发点的特征不同，编制预算的方法可分为增量预算法和零基预算法两类。

9. AD [解析] 财务控制的重点内容是成本控制和风险控制。

10. ABC [解析] 按决策内容，财务决策可以分为投资决策、筹资决策和股利分配决策。

11. D [解析] 企业价值最大化目标理论认为只有协调各方利益，将各利益相关者的目标都折中为企业的长期稳定发展和企业总体价值的不断增长，才能使各方获利。

12. D [解析] 股东财富最大化的优点：①考虑了风险因素；②在一定程度上避免企业在追求利润上的短期行为；③股东财富最大化目标比较容易量化，便于考核和奖惩；④考虑了资金的时间价值。股东财富最大化的缺点：①适用范围狭窄，只适用于上市公司；②只考虑了股东的利益，忽视了相关者的利益；③随着产权的交易，使各主体利益不平衡；④股票价格受多种因素影响，把不可控因素引入理财目标是不合理的。股东财富最大化适用范围狭窄，只适用于上市公司，D项错误。

13. ABCD ［解析］财务管理的目标包括利润最大化、每股收益最大化、股东财富最大化和企业价值最大化。

14. BDE ［解析］企业对于合同利益相关者应承担的社会责任有：安全生产、改善工作条件、增加福利，尊重员工利益、人格和习俗，设计人性化的工作方式，友善对待供应商等。对非合同利益相关者的社会责任有：环境保护、产品安全、市场营销、支持公益活动、参与救灾救助等。

Day 45

1. D ［解析］租赁融资方式快捷灵活，到期还本负担轻，具有抵税作用，但资本成本高于银行借款方式，D 项正确。

2. C ［解析］分离交易可转债是附有认股权证并与认股权证分离交易的公司债券。如果认股权证持有人行权认购发行公司的普通股，则发行者在发行债券筹资的基础上，又实现了普通股筹资。

3. C ［解析］租赁筹资是企业按照租赁合同租入资产的特殊筹资方式，其直接涉及的是物而不是资金。

4. B ［解析］企业自留资本主要是提取盈余公积金和未分配利润而形成的资金，也包括一些经常性的延期支付款项。

5. B ［解析］筹资渠道是指企业筹集资本来源的方向与通道，体现着资本的源泉和流量，包括：①政府财政资金；②银行信贷资金；③非银行金融机构资金；④其他法人单位资金；⑤民间自然人资金；⑥企业自留资金；⑦国外及我国港澳台地区资金。

6. CDE ［解析］发行普通股是股份制公司筹集股权资本的基本方式。公司上市后可通过配股和增发的方式进行股权再融资。其优点是筹措的资金可永久使用，没有固定的股利负担，筹资风险小。其缺点是资金成本高，发行费用高，没有抵税作用，容易分散公司控制权，稀释每股收益。

7. ABDE ［解析］租赁筹资的优点包括：①限制较少，各类企业都可以通过租赁方式获得资本；②快捷灵活；③到期还本负担轻（到期不用归还大量本金）；④具有抵税作用。缺点是资本成本高。

8. A ［解析］固定资产是指使用年限在 1 年以上，单位价值较高，并且在使用过程中保持原来物质形态的资产。固定资产投资主要包括：①厂房的新建、扩建、改建；②机器设备的购建和更新。其特点包括：①投资数额大，发生次数少；②回收时间长；③变现能力差。

9. ABC ［解析］长期股权投资是指投资方对被投资单位实施控制、重大影响的权益性投资，以及对其合营企业的权益性投资，包括控制、重大影响、合营三种类型。

10. AE ［解析］长期股权投资的后续计量方法包括成本法和权益法。

11. AE ［解析］投资管理的内容包括固定资产投资管理和长期股权投资管理。

Day 46

1. B ［解析］信用标准是客户获得企业商业信用所应具备的最低条件。

2. D ［解析］筹资是取得资金的过程，投资是资金的投放和使用过程，资金一旦被投放或使用便形成企业的资产，包括流动资产、长期投资、固定资产、无形资产及其他长期资产。

其中,流动资产是指可以在1年内或超过1年的一个营业周期内运用或变为现金的资产,包括现金、交易性金融资产、应收账款及存货等。

3. C [解析] 存货增加必然占用更多的资金,加大持有成本,影响企业获利能力的提高,而不是提高企业获利能力,C项错误。

4. D [解析] 营运资金是企业为了维持正常的经营活动所需要的资金,即企业在经营活动中可用的流动资产净额。相关公式为:流动资产－流动负债＝营运资金。

5. ACE [解析] 应收账款政策,又称信用政策,是指企业在赊销时,为对应收账款进行规划和控制所制定的基本原则和规范,主要包括信用标准、信用条件和收账政策三个方面。

6. B [解析] 按《公司法》的规定,公司分配当年税后利润时,应按当年税后利润的10%提取法定公积金。

7. D [解析] 企业取得利润后首先应按照规定上缴企业所得税,余额为税后利润。

8. AE [解析] 在我国,公司利润分配的基本方式有现金股利和股票股利。

Day 47

1. C [解析] 制造费用包括企业内部生产单位的管理人员薪酬费用、固定资产折旧费、租赁费、机物料消耗、低值易耗品摊销、取暖费、水电费、办公费、运输费、保险费、设计制图费、实验检验费、劳动保护费、季节性或修理期间的停工损失以及其他制造费用。

2. C [解析] 财务费用是企业在生产经营过程中为筹集生产经营所需资金而发生的各项费用,包括利息支出、汇兑损失以及相关手续费。

3. C [解析] 制造费用包括企业内部生产单位(分厂、车间)的管理人员薪酬费用、固定资本折旧费、租赁费(不包括融资租赁费)、机物料消耗、低值易耗品摊销、取暖费、水电费、办公费、运输费、保险费、设计制图费、实验检验费、劳动保护费、季节性或修理期间的停工损失以及其他制造费用。

4. B [解析] 变动成本是指在特定的产量范围内其总额随产量变动而正比例变动的成本。例如,直接材料、直接人工、外部加工费等。其基本特征是变动成本总额因业务量的变动而成正比例变动,但单位变动成本(单位业务量负担的变动成本)不变。

5. BCDE [解析] 按经济用途,成本费用可以分为生产费用和期间费用。生产费用可进一步划分为直接材料、燃料和动力费用,直接人工费用,制造费用。期间费用可进一步划分为销售费用、管理费用、研发费用和财务费用。

6. D [解析] 根据标准成本控制法,成本差异＝实际产量下实际总成本－实际产量下标准总成本＝48 000×55－50×5×10 000＝140 000(元),即14万元。

7. D [解析] 目标成本控制法是一种以市场营销和市场竞争为基础,对有独立的制造过程的产品进行利润计划和成本管理的方法。

8. C [解析] 成本动因是指导致成本发生的因素,C项错误。

9. ACDE [解析] 成本费用控制方法主要包括标准成本控制法、责任成本控制法、作业成本控制法、目标成本控制法。

10. BDE [解析] 产品成本由直接材料、直接人工和制造费用三部分组成。单位产品的标准成本＝直接材料标准成本＋直接人工标准成本＋制造费用标准成本。

Day 48

1. C [解析] 中介机构可以通过分析、了解企业的财务状况，从而给其他报表使用人提供专业咨询，C 项正确。

2. ABCD [解析] 企业的财务报表主要由以下几种关系人使用：投资人、债权人、经理人、政府和中介机构。

3. D [解析] 资产负债表是反映企业某一特定日期财务状况的会计报表。资产负债表根据"资产＝负债＋所有者权益"这一会计恒等式反映资产、负债和所有者权益这三个会计要素的相互关系，把企业在某一特定日期的资产、负债和所有者权益各项目按照一定的分类标准和一定的排列顺序编制而成。

4. D [解析] 损益表，也称利润表，是反映企业在一定期间的经营成果及其分配情况的报表。损益表是一张动态会计报表。损益表主要为报表使用者提供企业盈利能力方面的信息。通过损益表提供的信息，可以评价或考核企业经营管理者的经营业绩和能力。

5. B [解析] 资产负债表中，资产＝负债＋所有者权益，A 项错误。现金流量表反映企业某一期间的现金流入和流出的会计报表，它属于动态的会计报表，C 项错误。损益表是一张动态会计报表，D 项错误。

6. A [解析] 现金流量表是反映企业一定会计期间现金流入和流出的会计报表，它属于动态的会计报表。A 项是损益表的定义。

7. ABE [解析] 企业的主要财务报表包括资产负债表、损益表以及现金流量表。

8. ABC [解析] 资产负债表中，现金、应收账款、存货都属于资产类项目。营业成本和营业利润属于损益表的项目。

Day 49

1. A [解析] 长期偿债能力比率中产权比率的公式为：产权比率＝（负债合计÷股东权益合计）×100%。

2. C [解析] 反映偿债能力的指标包括流动比率、速动比率、现金流动负债比率、资产负债率、产权比率、已获利息倍数。A 项属于营运能力指标；B 项属于盈利能力指标；D 项属于发展能力指标。

3. D [解析] 反映发展能力的指标包括销售增长率、资本积累率、总资产增长率。A 项反映的是偿债能力，B 项反映的是盈利能力比率，C 项反映的是营运能力比率。

4. D [解析] 资产负债率＝负债总额÷资产总额×100%＝0.7÷1×100%＝70%。

5. B [解析] 根据公式，速动比率＝（流动资产－存货）÷流动负债＝（1 000－550）÷30＝15。

6. D [解析] 已获利息倍数＝息税前利润÷利息费用。

7. C [解析] 应收账款周转天数＝365÷应收账款周转次数＝365÷4.5≈81.1（天/次）。

8. B [解析] 应收账款周转率（次数）＝营业收入（销售收入）÷平均应收账款余额，平均应收账款余额＝（应收账款年初数＋应收账款年末数）÷2。则应收账款周转率＝30 000÷[（800＋1 200）÷2]＝30。

9. BCD [解析] 反映企业偿还到期债务能力的指标分短期偿债能力和长期偿债能力分析指

标。其中流动比率、速动比率和现金流动负债比率属于短期偿债能力指标。A项属于长期偿债能力指标，E项属于营运能力指标。

10. ABC [解析] 长期偿债能力分析指标包括资产负债率、产权比率和已获利息倍数。

11. CDE [解析] 营运能力比率包括存货周转率、应收账款周转率、流动资产周转率和总资产周转率等。

12. （1）A [解析] 2020年的资产＝15.69＋7.81＝23.5（亿元），负债＝7.34＋3.41＝10.75（亿元），资产负债率＝10.75÷23.5×100%≈45.74%。

（2）D [解析] 2020年的流动资产＝15.69（亿元），流动负债＝7.34（亿元），流动比率＝15.69÷7.34≈2.14。

（3）C [解析] 已获利息倍数不仅反映了企业获利能力大小，而且反映了获利能力对偿还到期债务的保障程度。

（4）B [解析] 存货增加影响速动比率，速动比率＝（流动资产－存货）÷流动负债。

（5）BC [解析] 筹资管理是在明确筹资需求的情况下通过资本成本和筹资风险的权衡，选择有利于实现企业价值最大化目标的筹资渠道和筹资方式。

本章强化测试

第九章 管理信息系统

> **学习指导**

本章主要涉及信息与数据、信息的分类、企业信息管理的内容和方式、数据采集技术、电子数据交换技术、北斗卫星导航系统、数据库系统、管理信息系统的开发与应用等知识点。本章考试分值在 10 分左右。

本章主要考查的题型为单选题、多选题,基本不涉及案例分析题,但是出题点较多,考生学习时要注意,应重点掌握。

日期	考点
Day50	➢信息与数据 ➢信息的分类
Day51	➢企业信息管理 ➢企业管理信息系统的结构与组成
Day52	➢数据采集技术 ➢电子数据交换技术 ➢北斗卫星导航系统
Day53	➢数据库系统 ➢管理信息系统的功能
Day54	➢管理信息系统开发

▶▶▶ *Day 50*

▼ **考点**:信息与数据

1. [单选] 从广义上来讲,关于信息的说法,正确的是（   ）。

   A. 仅指信息系统中处理后的数据

   B. 是人们对客观事物及其变化规律的认识

   C. 只包含数字化的数据内容

   D. 必须以数据库形式存储

2. [单选] 关于数据的表现形式,说法不正确的是（   ）。

   A. 可以是文字

   B. 可以是图片

   C. 可以是视频

   D. 只能是数字

3. [单选] 从狭义角度理解，信息是指（   ）。
   A. 信息系统中加工处理后的数据
   B. 所有的原始数据
   C. 任何形式的数据记录
   D. 仅限于文字形式的数据

4. [多选] 关于信息与数据关系的表述，正确的有（   ）。
   A. 数据是信息的载体
   B. 信息是对数据的解释
   C. 数据是记录事物的"原材料"
   D. 信息是经过加工后的"成品"
   E. 数据与信息不能相互转换

5. [单选] 关于信息与数据的关系，下列说法正确的是（   ）。
   A. 数据是信息的载体，但信息不能转变为数据
   B. 信息是数据的载体，数据是信息的本质
   C. 数据是信息的载体，信息需转变为数据后才能被加工
   D. 信息和数据之间不存在相互转换的关系

▼ 考点：信息的分类

6. [单选] 按照企业信息来源划分，法律法规信息属于（   ）。
   A. 操作层信息
   B. 管理层信息
   C. 外部信息
   D. 内部信息

7. [单选] 按照（   ）分类，企业信息分为业务信息、员工管理信息、企业效益信息、行政办公信息、企业决策信息。
   A. 来源不同
   B. 管理层次不同
   C. 业务功能不同
   D. 管理范围不同

8. [单选] 按（   ）分类，企业信息可分为顾客需求信息、销售信息、储运信息、采购信息等。
   A. 企业来源不同
   B. 业务功能不同
   C. 管理层次不同
   D. 管理范围不同

9. [单选] 信用卡和银联卡的消费结算、采购转账结算、大宗或团购支票结算等产生的相应信息属于（   ）。
   A. 结算信息
   B. 销售信息

C. 采购信息   D. 合同信息

10. ［多选］按照管理层次不同，企业信息可分为（   ）。
    A. 外部信息   B. 内部信息
    C. 操作层信息   D. 管理层信息
    E. 决策层信息

11. ［多选］按照企业来源不同，企业信息可分为（   ）。
    A. 外部信息   B. 内部信息
    C. 操作层信息   D. 管理层信息
    E. 决策层信息

📝 学习笔记

Day 51

▼ **考点**：企业信息管理

1. [单选] 下列不属于计算机管理方式的是（　　）。
   A. 人工管理
   B. 简单记账式管理
   C. 经营规范式管理
   D. 决策经营式管理

2. [单选] 杂乱无章、独立存在的原始数据必须经过加工处理才能成为有用的管理信息，这属于（　　）进行的数据管理工作。
   A. 数据处理　　　　　　　　　　B. 信息传递
   C. 数据存储　　　　　　　　　　D. 数据维护

3. [单选] 企业信息管理的主体是（　　）。
   A. 电脑软件　　　　　　　　　　B. 电脑硬件
   C. 员工　　　　　　　　　　　　D. 企业

4. [单选]（　　）是为了保证数据的准确、及时、安全和保密而进行的数据管理工作。
   A. 数据维护　　　　　　　　　　B. 信息传递
   C. 数据存储　　　　　　　　　　D. 数据处理

5. [单选] 信息管理的首要步骤是（　　）。
   A. 数据维护　　　　　　　　　　B. 信息传递
   C. 数据处理　　　　　　　　　　D. 原始数据采集

6. [多选] 下列属于计算机管理方式的有（　　）。
   A. 人工管理
   B. 简单记账式管理
   C. 经营规范式管理
   D. 决策经营式管理
   E. 财务管理

▼ **考点**：企业管理信息系统的结构与组成

7. [单选] 下列关于管理信息系统的结构，说法错误的是（　　）。
   A. 管理信息系统结构的主体是企业管理者
   B. 管理信息系统结构的物质基础是计算机等硬件设备
   C. 管理信息系统结构的软件系统是专为管理信息而开发的应用程序
   D. 管理信息系统结构的操作系统是硬件和应用软件系统之间的接口

8. [多选] 下列属于管理信息系统基本构成要素的有（　　）。
   A. 人　　　　　　　　　　　　　B. 硬件系统
   C. 软件系统　　　　　　　　　　D. 动态系统
   E. 数据库系统

9. ［多选］企业管理信息系统中的软件系统包括（　　）。
   A. 操作系统
   B. 移动硬盘
   C. 数据库管理系统
   D. 系统维护人员
   E. 杀毒软件

✎ 学习笔记

Day 52

▼ 考点：数据采集技术

1. [单选] 下列信息技术中，属于数据采集技术的是（　　）。
   A. 数据库技术
   B. 北斗卫星导航系统
   C. 电子数据交换技术
   D. 条码技术

2. [单选] 下列选项中，不属于射频识别技术特点的是（　　）。
   A. 容量大   B. 安全性高
   C. 体积大   D. 非接触阅读

3. [单选] 下列数据采集技术中，（　　）不需要与标签直接接触就可以采集数据。
   A. 射频识别技术
   B. 条码技术
   C. EDI
   D. BDS

4. [单选] 由一组按特定规则排列的条、空及其对应字符组成的表示一定信息的符号叫作（　　）。
   A. GPS 技术   B. POS 技术
   C. EDI 技术   D. 条码技术

5. [单选] 下列不属于射频识别技术的应用领域的是（　　）。
   A. 交通领域
   B. 生产领域
   C. 研发领域
   D. 零售领域

6. [多选] 下列属于条码技术的特点的有（　　）。
   A. 简单   B. 速度快
   C. 采集信息量大   D. 安全性高
   E. 结构简单，成本低

▼ 考点：电子数据交换技术

7. [单选]（　　）俗称"无纸交易"。
   A. EDI   B. PDCA
   C. DMIC   D. JIT

▼ 考点：北斗卫星导航系统

8. [单选] 中国北斗卫星导航系统的英文缩写是（　　）。
   A. EDI   B. DMAIC
   C. BDS   D. GPS

9. [多选] 下列属于北斗卫星导航系统面向全球范围提供的服务有（　　）。
   A. 提供定位导航授时服务　　　　　　　B. 全球短报文通信服务
   C. 国际搜救服务　　　　　　　　　　　D. 区域短报文通信服务
   E. 提供星基增强服务

✏️ 学习笔记

Day 53

考点：数据库系统

1. [单选] 在"一个浅蓝色玻璃杯子"的描述中，属于实体的是（　　）。
   A. 浅蓝色 　　　　　　　　　　　　B. 杯子
   C. 玻璃 　　　　　　　　　　　　　D. 一个

2. [单选] 在关系数据库中，关于主键的说法正确的是（　　）。
   A. 主键只能由一个属性构成
   B. 主键值可以为空
   C. 每个关系可以有多个主键
   D. 每个实体的主键值应是唯一的

3. [单选] 数据库中对数据的操作除了数据维护，还包括（　　）。
   A. 数据插入 　　　　　　　　　　　B. 数据检索
   C. 数据删除 　　　　　　　　　　　D. 数据更新

4. [单选] 通过检测信用卡账号的付费情况，识别超出正常值的购买属于数据挖掘的（　　）。
   A. 关联分析 　　　　　　　　　　　B. 分类和预测
   C. 离群点分析 　　　　　　　　　　D. 聚类分析

5. [单选] 在不需要人工干预的情况下，数据库管理系统可以进行检查事务日志、创建和执行数据库维护计划、数据导入和导出管理。这体现了数据库管理系统的（　　）功能。
   A. 数据维护 　　　　　　　　　　　B. 数据控制
   C. 数据处理 　　　　　　　　　　　D. 数据安全

6. [单选] 按企业的既定目标对大量的企业数据进行探索和分析，揭示隐藏的或验证已知的商业规律，且进一步将其模式化的数据处理方法，这属于（　　）。
   A. 数据维护 　　　　　　　　　　　B. 数据控制
   C. 数据挖掘 　　　　　　　　　　　D. 数据安全

7. [多选] 下列属于构成数据库系统的有（　　）。
   A. 行业信息 　　　　　　　　　　　B. 数据库管理员
   C. 数据库管理系统 　　　　　　　　D. 应用软件系统
   E. 用户

8. [多选] 根据数据模型设计的数据库包括（　　）。
   A. 层次模型数据库 　　　　　　　　B. 关系模型数据库
   C. 网状模型数据库 　　　　　　　　D. 面向对象模型数据库
   E. 曲线模型数据库

9. [多选] 下列属于数据的动态特性的有（　　）。
   A. 数据检索 　　　　　　　　　　　B. 数据结构
   C. 数据关系 　　　　　　　　　　　D. 数据约束
   E. 数据维护

▽ 考点：管理信息系统的功能

10. ［单选］（　　）是指按一定要求的输出格式输出经数据处理后的数据，如报告、报表、图表、表格、文件等。

    A. 数据输入　　　　　　　　　　B. 数据准备
    C. 数据处理　　　　　　　　　　D. 数据输出

11. ［多选］下列属于数据处理功能的有（　　）。

    A. 数据采集　　　　　　　　　　B. 数据准备
    C. 数据处理　　　　　　　　　　D. 数据输入
    E. 数据挖掘

✎ 学习笔记

Day 54

考点：管理信息系统开发

1. ［单选］系统的使用者是用户，这一观念要贯穿于开发的整个过程中，无论是设计风格还是客户需求的实现等都要体现这一原则。该原则指的是（   ）。

    A. 逐步完善原则

    B. 系统性原则

    C. 标准化原则

    D. 面向用户原则

2. ［单选］系统开发要求整个系统是一个整体，要遵守系统工程的思想进行开发，做到整体的有机结合，以达到最佳状态，这体现了系统开发的（   ）。

    A. 逐步完善原则

    B. 系统性原则

    C. 标准化原则

    D. 面向用户原则

3. ［单选］（   ）是信息系统开发方法中最早、最传统的方法，也是应用最普遍、最成熟的一种方法。

    A. 原型法

    B. 非结构化法

    C. 面向对象法

    D. 结构化方法

4. ［单选］组建开发小组属于开发过程中的（   ）阶段。

    A. 系统实施

    B. 系统设计

    C. 系统分析

    D. 系统规划

5. ［单选］下列选项中，不属于管理信息系统开发方法的是（   ）。

    A. 原型法

    B. 结构化法

    C. 面向对象法

    D. 因果关系方法

6. ［多选］下列选项中，属于管理信息系统开发原则的有（   ）。

    A. 逐步完善原则

    B. 系统性原则

    C. 标准化原则

    D. 低成本化原则

    E. 面向用户原则

7. ［多选］下列属于管理信息系统开发方式的有（   ）。
   A. 自行开发
   B. 委托开发
   C. 联合开发
   D. 合资开发
   E. 合作开发

✏️ 学习笔记

本章学习检查表

知识点名称	初次学习		第一次复习		第二次复习	
	做对题目数/总题目数	学习日期	做对题目数/总题目数	复习日期	做对题目数/总题目数	复习日期
信息与数据						
信息的分类						
企业信息管理						
企业管理信息系统的结构与组成						
数据采集技术						
电子数据交换技术						
北斗卫星导航系统						
数据库系统						
管理信息系统的功能						
管理信息系统开发						

填写建议：

"做对题目数/总题目数"记录自己各知识点做题的情况，比如，某知识点总题目数10题，自己做对了其中7题，记录为7/10。

"学习日期"和"复习日期"记录自己学习和复习各知识点的日期。

备忘录

# 参考答案及解析

Day 50

1. B [解析] 从广义上来讲，信息就是人们对客观事物及其变化规律的认识。

2. D [解析] 数据常见的表现形式有语言、文字、数值、文件、图表、图片、音频、视频等。

3. A [解析] 从狭义上来讲，信息是指信息系统中加工处理后的数据。

4. ABCD [解析] 信息与数据的关系可以从以下方面理解：①数据是信息的载体，信息是对数据的解释；②在信息系统中，数据是记录事物的"原材料"，信息是经过加工后的"成品"，且二者之间可以相互转换。E项错误。

5. C [解析] 信息和数据之间可以相互转换，A、D两项错误。数据是信息的载体，B项错误。

6. C [解析] 按来源不同，企业信息分为内部信息和外部信息。外部信息包括政策、法律法规、外部环境、科技发展、金融市场、证券市场、市场调查等。

7. D [解析] 按照管理范围不同，企业信息分为业务信息、员工管理信息、企业效益信息、行政办公信息、企业决策信息。

8. B [解析] 按业务功能不同，企业信息可分为顾客需求信息、销售信息、储运信息、采购信息等。

9. A [解析] 结算信息是指企业与银行之间的账目结算信息，如信用卡和银联卡的消费结算、采购转账结算、大宗或团购支票结算等。

10. CDE [解析] 按照管理层次不同，企业信息可以分为操作层信息、管理层信息、决策层信息。

11. AB [解析] 按照企业来源不同，企业信息分为外部信息和内部信息。

● 考点再现

Q_{6-11} 信息的分类如表9-1所示。

表9-1 信息的分类

分类标准	类型
按照来源的不同分类	外部信息和内部信息
按照管理层次不同分类	操作层信息、管理层信息、决策层信息
按照业务功能不同分类	顾客需求信息、销售信息、储运信息、采购信息、财务税务信息、合同信息、结算信息
按照管理范围不同分类	业务信息、员工管理信息、企业效益信息、行政办公信息、企业决策信息

Day 51

1. A [解析] 计算机管理方式包括简单记账式管理、经营规范式管理、决策经营式管理三种方式。A项，人工管理方式不属于计算机管理方式。

2. A [解析] 原始数据是杂乱无章、独立存在的，必须经过加工处理才能成为有用的管理信息。数据加工处理的方法有排序、变换、计算、合并、抽取等。

3. C ［解析］企业信息管理的主体是企业的员工，C项正确。

4. A ［解析］数据维护是为了保证数据的准确、及时、安全和保密而进行的数据管理工作。

5. D ［解析］企业信息管理的内容包括原始数据采集、数据处理、数据存储、信息传递、数据维护、信息输出。原始数据采集是企业信息管理中关键的第一个环节，D项正确。

6. BCD ［解析］计算机管理方式包括简单记账式管理、经营规范式管理、决策经营式管理三种方式。

7. A ［解析］管理信息系统结构的主体是企业的员工，A项错误。管理信息系统结构的主要内容如表9-2所示。

表9-2　管理信息系统结构

项目	主要内容
主体	企业的员工
物质基础	计算机等硬件设备
软件系统	专为管理信息而开发的应用程序
操作系统	硬件和应用软件系统之间的接口

8. ABC ［解析］管理信息系统的基本组成由人、硬件系统、软件系统三部分构成。

9. ACE ［解析］软件系统包括操作系统、数据库管理系统、网络通信控制系统、语言编译系统、各种工具软件（如杀毒软件）、企业管理信息系统中的应用软件系统等。

Day 52

1. D ［解析］数据采集技术包括射频识别技术、条码技术。

2. C ［解析］射频识别技术的特点包括：①非接触阅读；②数据存储容量大；③体积小，易封装；④使用寿命长，安全性高；⑤动态追踪和监控。

3. A ［解析］射频识别技术具有非接触阅读的特点，能透过泥浆、污垢、油漆材料、木材、水泥、塑料、水和蒸汽阅读电子标签，且不需要与电子标签直接接触，因此适用于脏、潮湿等的环境。

4. D ［解析］条码，又称条形码，是由一组按特定规则排列的条、空及其对应字符组成的表示一定信息的符号。

5. C ［解析］射频识别技术的应用领域包括交通领域、生产领域、零售领域。研发领域不属于射频识别技术的应用领域。

6. ABCE ［解析］条码技术的特点包括：①简单，易于制作，可印刷；②信息采集速度快，可靠性高；③采集信息量大；④设备结构简单，成本低；⑤灵活实用。

7. A ［解析］电子数据交换（EDI）是指按照统一规定的一套通用标准格式，将标准的经济信息通过通信网络传输，在贸易伙伴的电子计算机系统之间进行数据交换和自动处理。EDI俗称"无纸交易"。

8. C ［解析］中国北斗卫星导航系统（BDS）与美国全球定位系统（GPS）、俄罗斯全球卫星导航系统（GLONASS）、欧盟伽利略卫星导航系统（GSNS）并称全球四大卫星导航定位系统。

9. ABC ［解析］北斗卫星导航系统提供七种服务，具体包括：①面向全球范围，提供定位导航授时服务、全球短报文通信服务和国际搜救服务三种服务；②在中国及周边地区，提供星基增强服务、地基增强服务、精密单点定位服务和区域短报文通信服务四种服务。D、E两项是北斗卫星导航系统在中国及周边地区提供的服务。

Day 53

1. B［解析］实体就是在现实世界中客观存在并可以相互区别的事物。如某件商品、某个人、某个单位等，这些都是实体。

2. D［解析］主键可以由一个或多个属性组成，A项错误。主键值不能为空，B项错误。每个关系应该有一个主键，C项错误。

3. B［解析］数据库中对数据的操作主要包括数据的维护（插入、删除、更新等）和检索（查询）。

4. C［解析］数据库中可能包含一些数据对象，它们与数据的一般行为或模型不一致，这些数据对象就是离群点。大部分数据挖掘方法将离群点视为噪声或异常而丢弃，然而，在一些应用中（如欺骗检测），罕见的事件可能比正常出现的事件更有价值。例如，检测一个给定账号的付费情况，其购买数额特别大，超出正常付费的数据对象，可以被用来发现信用卡欺骗性使用的情况。

5. A［解析］数据维护功能是指数据库管理系统在不需要人工干预的情况下，由系统按照计划进行的数据维护，主要包括检查事务日志、创建和执行数据库维护计划、数据导入和导出管理。

6. C［解析］数据挖掘（DM）就是按企业的既定目标对大量的企业数据进行探索和分析，揭示隐藏的或验证已知的商业规律，且进一步将其模式化的数据处理方法。

7. BCDE［解析］数据库系统（DBS）是指在计算机系统中引入数据库后的系统。数据库系统由数据库、数据库管理系统、应用软件系统、数据库管理员和用户构成。

8. ABCD［解析］根据数据模型设计的数据库有层次模型数据库、关系模型数据库、网状模型数据库和面向对象模型数据库。目前，应用最多的数据库是关系模型数据库，这类数据库管理系统产品占据了市场和应用的主导地位。

9. AE［解析］数据的动态特性主要包括对数据的操作和操作规则。数据库中对数据的操作主要包括数据的维护（插入、删除、更新等）和检索（查询）。数据的静态特性包括数据结构、数据关系和数据约束。

10. D［解析］数据输出是指按一定要求的输出格式输出经数据处理后的数据，如报告、报表、图表、表格、文件等，输出的内容要直观、正确、易于理解。

11. ABCD［解析］数据处理功能包括数据采集、数据准备、数据输入、数据处理、数据输出。

Day 54

1. D［解析］面向用户原则：系统的使用者是用户，这一观念要贯穿在开发的整个过程中，无论是设计风格还是客户需求的实现等都要体现这一原则。

2. B［解析］系统性原则是指整个系统是一个整体，要遵守系统工程的思想进行开发，做到整体的有机结合，以达到最佳状态。

3. D［解析］结构化方法是信息系统开发方法中最早、最传统的系统开发方法，也是应用最普遍、最成熟的一种方法。

4. D［解析］系统开发过程中的系统规划阶段包括：①组建开发组；②初步调查；③可行性分析；④编写系统设计任务书。

5. D［解析］企业管理信息系统的开发方法主要有结构化方法、原型法、面向对象法、信息工程法、计算机辅助开发法等。

6. ABCE［解析］管理信息系统开发原则包括系统性原则、标准化原则、实用性与先进性兼顾原则、逐步完善原则、面向用户原则。

7. ABC［解析］信息系统的开发方式包括自行开发、委托开发、联合开发、购买现成软件包。

本章强化测试

思维导图

Day 55

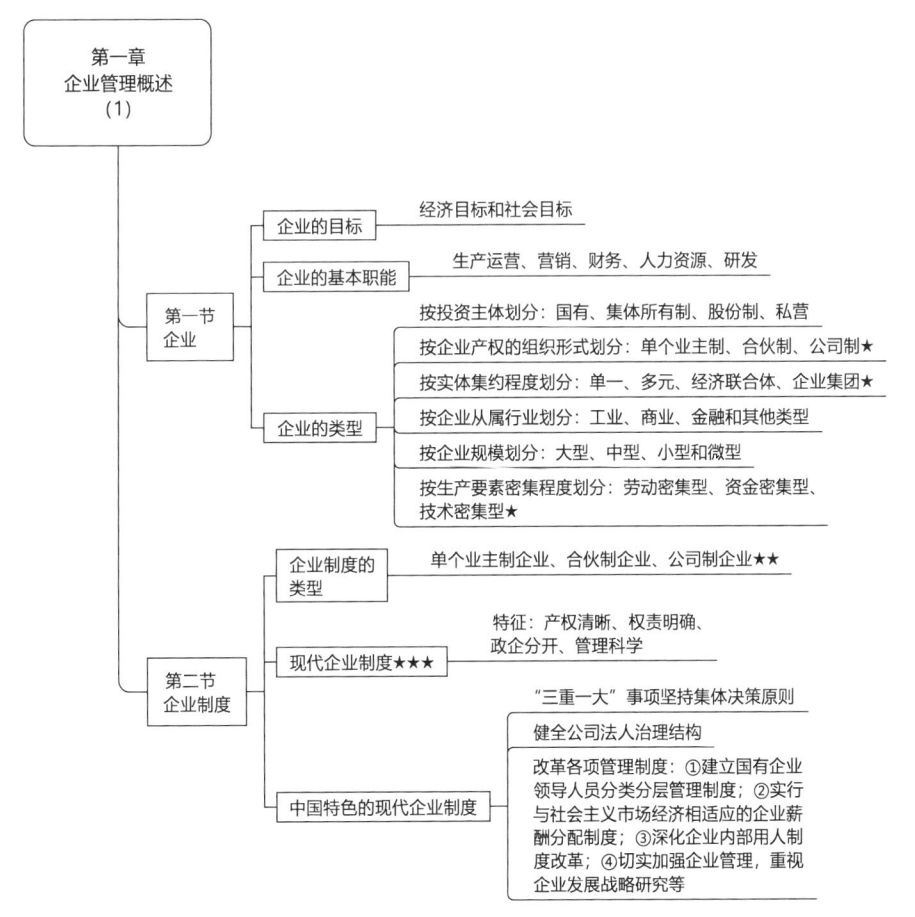

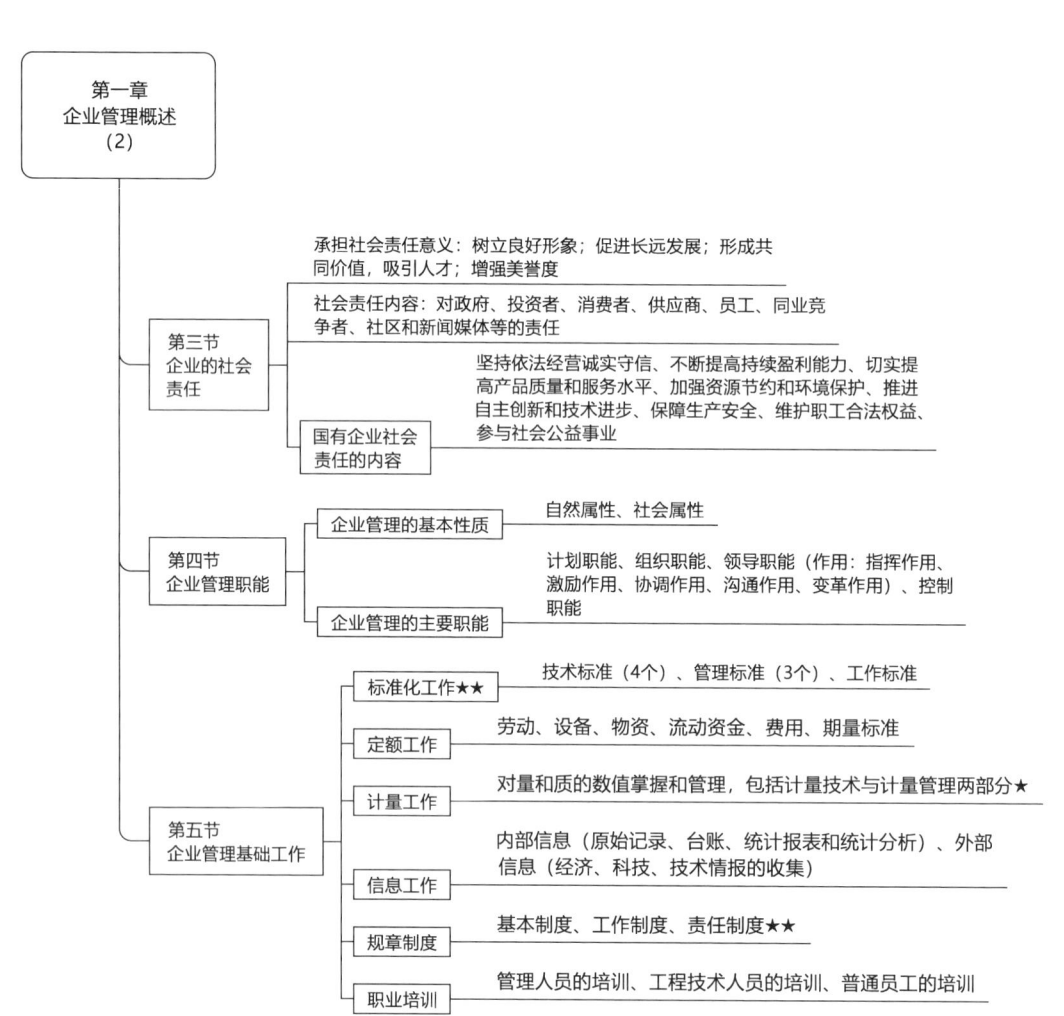

> 温馨贴士

第一、第二节关于企业类型和企业制度类型的内容，常出单选题与多选题，需要考生能够准确区分各种类型，可理解性地记忆并配合做题。第五节关于企业管理的基础工作的内容，历年真题考查频率较高，考生可通过做题区分三种不同标准，常出单选题。

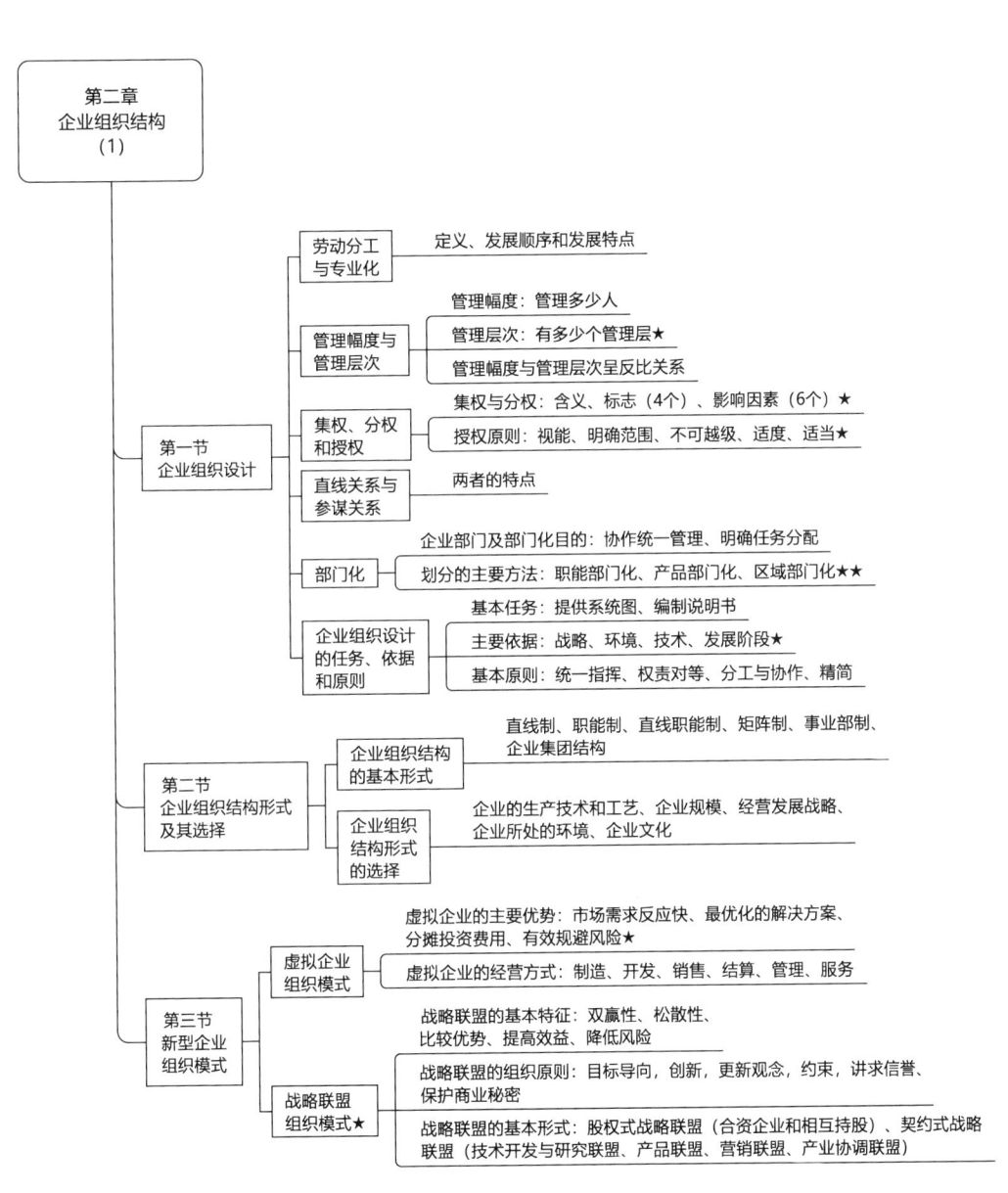

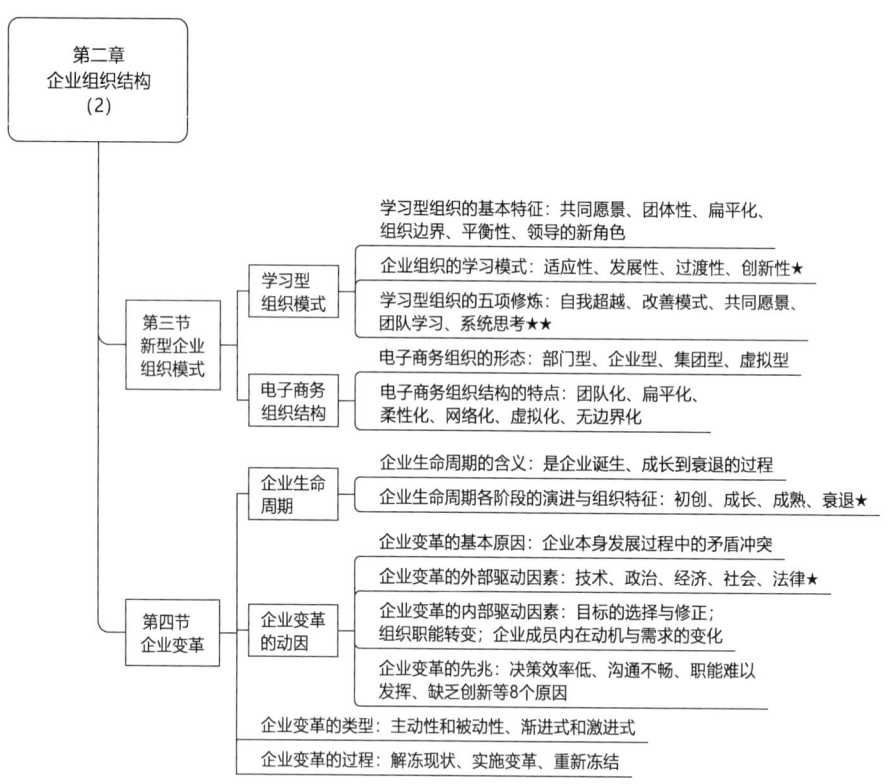

> 温馨贴士

第一节知识点较多且历年真题考查的次数也较多,建议考生配合题目进行练习,能够区分分权与授权。第二节需要考生能够区分几种企业组织结构的基本形式,考试频率较高,可理解性记忆。

思维导图

第三章 市场营销管理（1）

第一节 市场营销管理一般过程

- **市场调研分析**
  - 竞争识别和分析：企业所处行业的竞争识别、竞争者识别、竞争者实力和市场地位识别、竞争者反应识别、竞争战略识别和分析
  - 市场购买行为分析：市场分类、消费者市场购买行为类型、消费者购买决策过程、影响消费者购买决策的因素

- **市场营销战略设计**
  - 市场细分：地理、人口、心理、行为
  - 目标市场选择
    - 模式：市场集中化、选择专业化、市场专业化、产品专业化、市场全面化
    - 战略：无差异性、差异性、集中性
  - 市场定位
    - 方式：回避定位、对峙定位、重新定位
    - 战略：产品差别化战略、服务差别化战略、人员差别化战略、形象差别化战略

- **市场营销组合设计**：产品策略、价格策略、渠道策略、促销策略

- 营销计划的制订和实施

第二节 市场调查

- 市场调查的定义：运用科学的方法收集资料，了解问题★★
- 市场调查的内容：市场环境调查、市场需求调查、市场供给调查、市场营销因素调查

- **市场调查的分类**
  - 根据市场调查目的分类：探测性、描述性、因果性、预测性★★
  - 根据调查方法的分类：文案调查、实地调查

- **市场调查方式**
  - 全面市场调查：普查员直接登记式、被普查者自填式
  - 抽样市场调查：①随机抽样（简单随机抽样、等距抽样、分层抽样、整群抽样）；②非随机抽样（任意抽样、判断抽样、配额抽样、滚雪球抽样）

- **市场调查的方法**
  - 实地调查法：①访问法。人员访问法、电话访问法、邮寄调查法、留置调查法。②观察法。按照调查人员是否参与被观察者的活动，可以分为参与观察法和非参与观察法；按照观察提纲的详细程度，可分为结构型观察法和非结构型观察法；按照取样的标准,可分为时间取样观察法和事件取样观察法。③实验法。无控制组的事前事后对比实验；有控制组的事前事后对比实验；控制组、实验组对比实验
  - 文案调查法，又称资料分析法，是调查者利用企业内部和外部现有的信息、资料和情报，对调查内容进行分析研究的一种市场调查方法
  - 网络调查法的常用方法有很多。例如，网站调查、网页调查、电子邮件调查、弹出式调查、网上固定样本调查、网上深度访谈、网上小组座谈会、网上观察法、网上文献资料分析等

· 173 ·

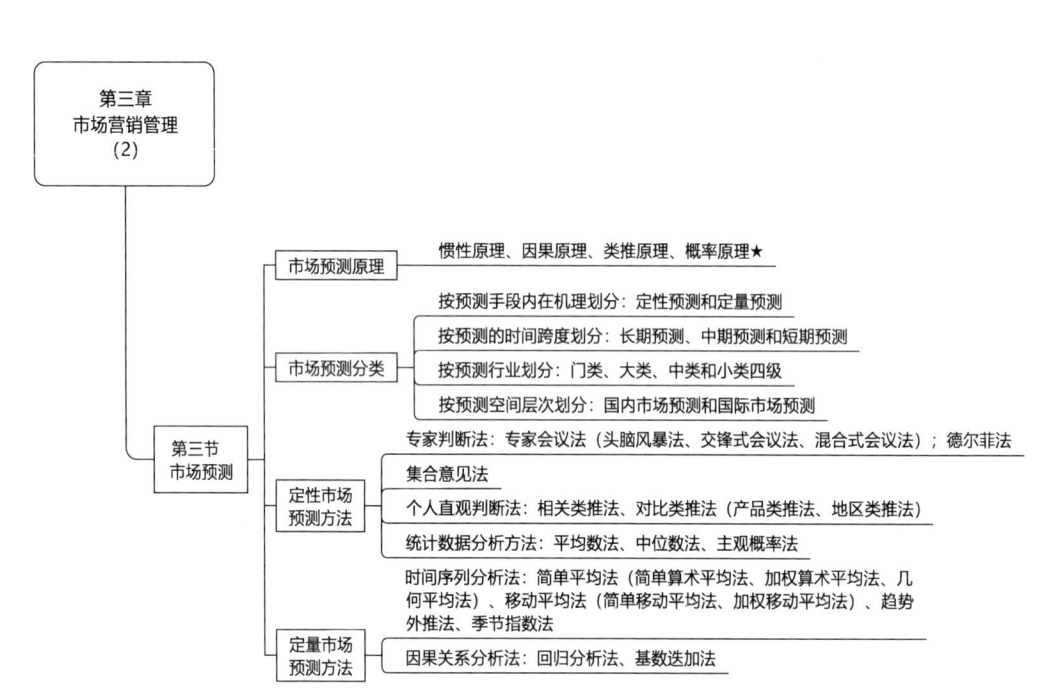

> **温馨贴士**

第二、第三节历年考查频率很高，尤其市场调查方式、方法及定量市场预测方法的内容，应给予重视，考生可通过做题来进一步了解细节内容。德尔菲法是考试的重点，单选题、多选题和案例题都会涉及。根据历年真题来看，出案例题的几率很高，考生可多做题来巩固熟练知识点。

Day 56

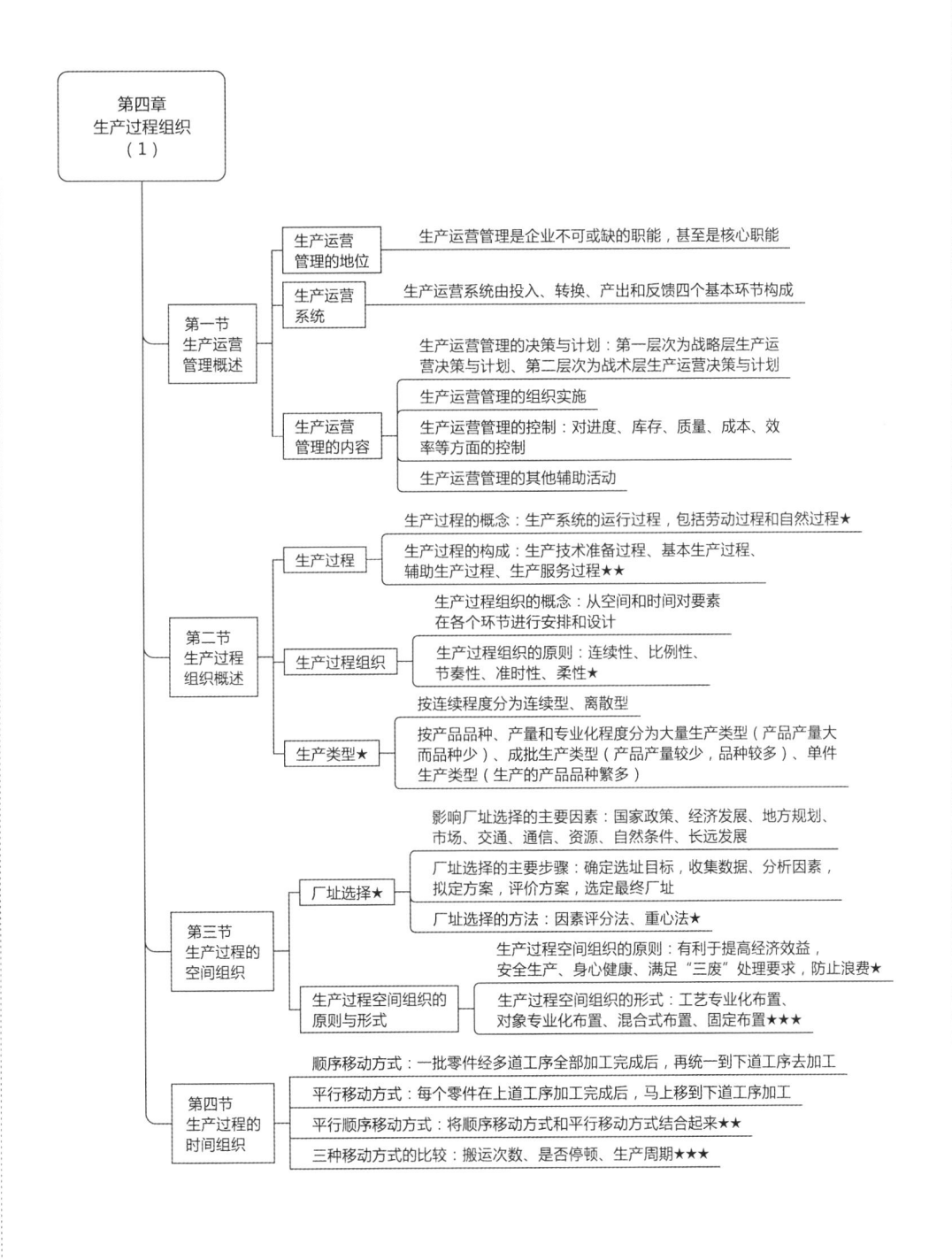

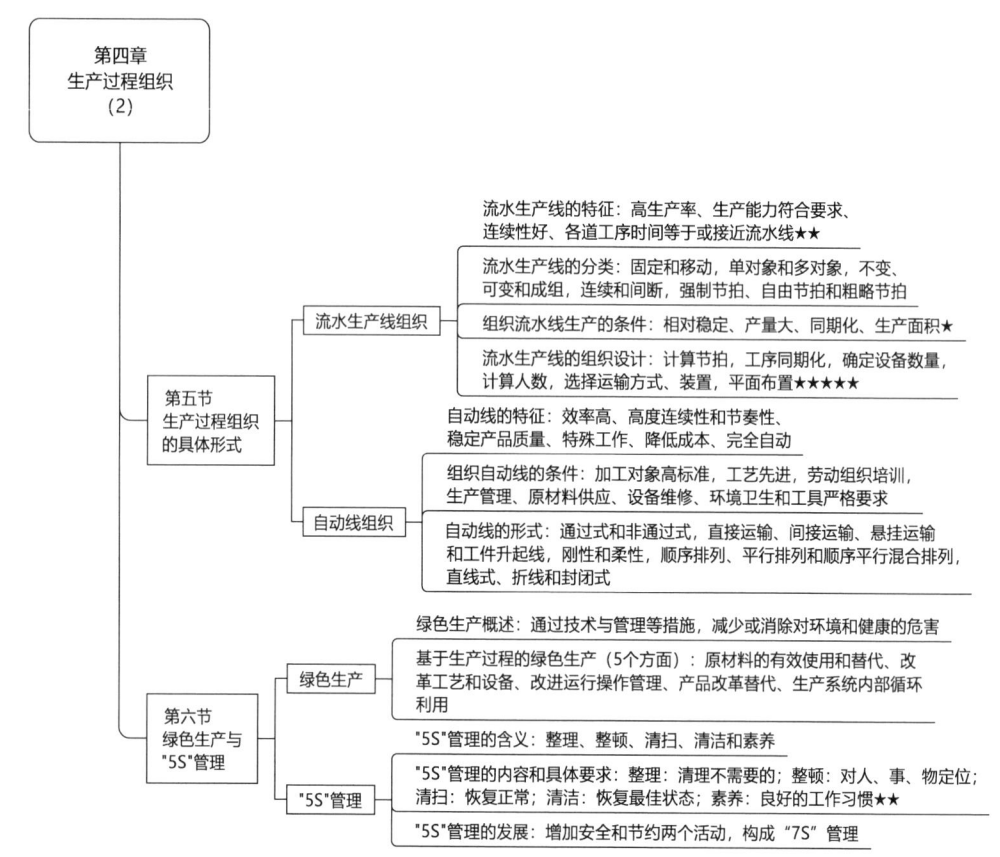

> 温馨贴士

第四节三种移动方式的运算公式要熟记，考生可通过做题来熟悉和区分；三种移动方式的比较（从搬运次数、是否停顿、生产周期方面来进行区分）多考查案例题，考生需要多加练习。第五节中流水生产线的组织设计，历年真题中单选题、多选题和案例题都有涉及，考生需要理解记忆，其中节拍的计算要重点掌握，常出案例题，可通过多做题目加强记忆。

思维导图

- 第五章 质量管理与安全生产管理（1）
  - 第一节 质量与质量管理
    - 质量的基本概念
      - 质量的概念：一组固有特性满足要求的程度★★
      - 质量特性：是指产品、过程或体系与要求有关的固有特性，包括硬件质量特性、服务质量特性、软件质量特性、流程性材料质量特性★
    - 质量管理概述
      - 质量管理的定义：是指从质量方面指挥和控制组织的协调活动
      - 质量方针和质量目标：方针（宗旨和方向）、目标（质量追求）
      - 质量策划：关键是制定质量目标并设法使其实现
      - 质量控制：目的是保证质量，满足要求
      - 质量保证：定义的关键词是"信任"
      - 质量改进：在于增强组织满足质量要求的能力
  - 第二节 质量管理技术与质量检验
    - 质量管理中的常用技术
      - 分层法：对收集的原始质量数据加以分类整理，再进行质量分析
      - 调查表法：为了分层收集数据而设计的一类统计图表
      - 散布图法：将两个可能相关的变量数用点画在坐标图上，观察分析关系
      - 排列图法：根据"关键的少数，次要的多数"，将数据分项目排列作图
      - 因果分析图法：将结果作为特性，原因作为因素，用箭头联系表示因果关系
      - 直方图法：由很多直方形连起来的，表示质量数据离散程度的一种图形★
      - 控制图法：工序质量随时间的动态变化；控制图分为计量值控制图和计数值控制图★
    - 工序能力分析
      - 工序能力的概念：受控状态下工序对加工质量的保证能力★
      - 工序能力指数：是工序质量标准的范围和工序能力的比值，用符号C_p表示，工序能力的计算，工序能力指数判断的标准★★★★★
    - 质量检验
      - 检验的含义和质量检验的基本任务★
        - 含义：通过观察和判断，适当时结合测量、试验所进行的符合性评价
        - 任务：鉴别产品质量水平、提供依据、了解产品质量、改善手段、反馈信息
      - 质量检验的方式与基本类型★★★
        - ①全数检验、抽样检验；②计数检验和计量检验；③理化检验和感官检验；④破坏性检验和非破坏性检验；⑤固定检验和流动检验；⑥验收检验和过程检验

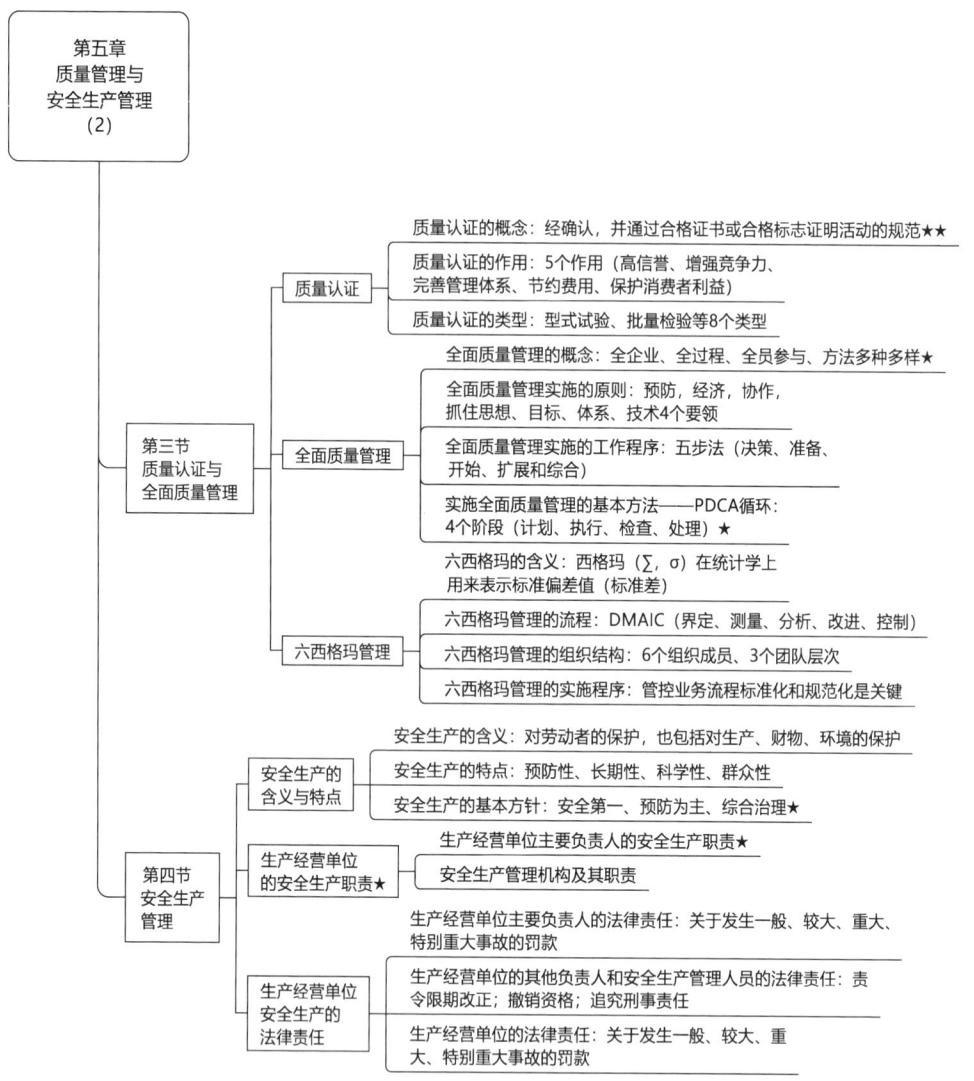

> **温馨贴士**

　　根据历年真题来看，第二节的工序能力分析部分出案例题的概率很大，考生一定要掌握。计算工序能力指数要多做练习题加以巩固。第三节常考查单选题，考生需注重细节。PDCA循环的阶段及六西格玛管理的流程要掌握。

思维导图

```
第六章
技术改造与新产品开发
（1）
├─ 第一节 技术管理概述
│  ├─ 技术的含义及其特性
│  │  ├─ 技术的含义
│  │  └─ 技术的特性：复杂性、依赖性、多样性、普及性、动态性
│  ├─ 企业技术和企业技术管理的含义
│  └─ 企业技术管理的内容：制定技术标准、组织技术改造、实施设备更新、进行新产品开发、探索技术创新
├─ 第二节 技术改造
│  ├─ 技术改造概述：技术改造的内容：设备、工艺、产品、工具、原材料的综合利用和完善，零星固定资产的购置★
│  ├─ 技术改造的原则
│  │  ├─ 技术改造的原则：以经济效益为中心，扩大再生产，全面规划，量力而行，协调配套，把技术、生产、经济结合起来★
│  │  └─ 技术改造的层次：三个层次（表层、内层、深层）★
│  ├─ 技术改造的基本程序：进行调查、提出目标、提出方案、可行性研究
│  ├─ 技术改造规划：企业计划；包括要达到的目标、水平、进度、培训等
│  ├─ 技术改造项目的确定及其可行性研究
│  │  ├─ 技术改造项目的技术可行性分析：核心是技术等级选择问题★
│  │  └─ 技术改造项目的经济可行性分析：对技术改造方案的总投资和经济效益进行对比分析★★★★
│  └─ 技术改造方案优化选择的方法
│     ├─ 投资回收期法：投资额用多少年可以赚回来★
│     ├─ 追加投资回收期法：某技术改造项目有两种以上方案时，采用某一方案比采用其他方案多投资的部分，由采用这一方案比采用其他方案节约的经营费用来补偿所需要的时间
│     └─ 效益成本分析法：考虑资金时间价值
└─ 第三节 设备更新
   ├─ 设备的寿命
   │  ├─ 设备的使用寿命：设备在正常情况下的服务时间
   │  ├─ 设备的经济寿命：考虑有形磨损，根据最小使用费用的原则确定★
   │  └─ 设备的技术寿命：设备从投入使用到因技术进步而更新所经历的时间
   └─ 设备更新的方法★
      ├─ 低劣化数值法：用于求最佳更新年限★
      └─ 面值法：确定设备最佳更新期的方法，适用于精密仪器设备
```

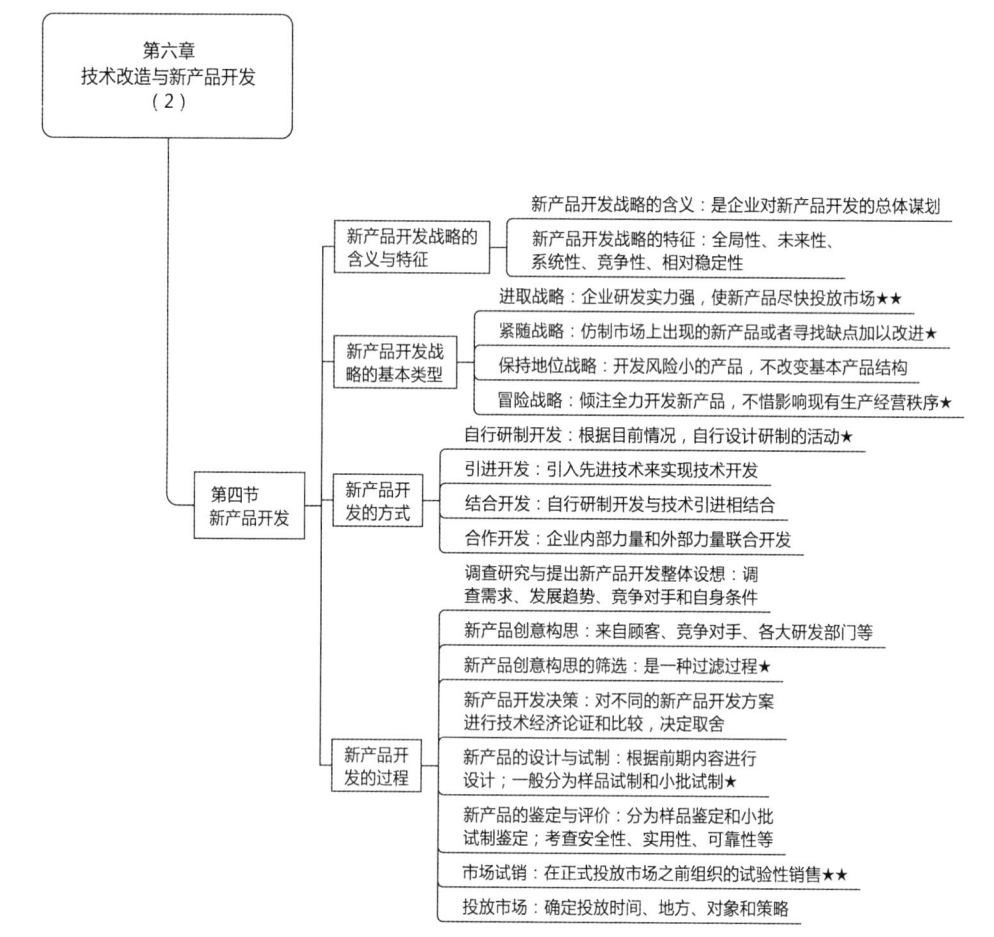

> 温馨贴士

第二、三节技术改造及设备更新是本章的重点内容,根据历年真题来看,出案例题的可能性比较大,公式较多,建议考生多做题目熟练知识点。第四节的知识点较多,建议考生注重细节方面的知识点,如不要混淆4种开发战略。

Day 57

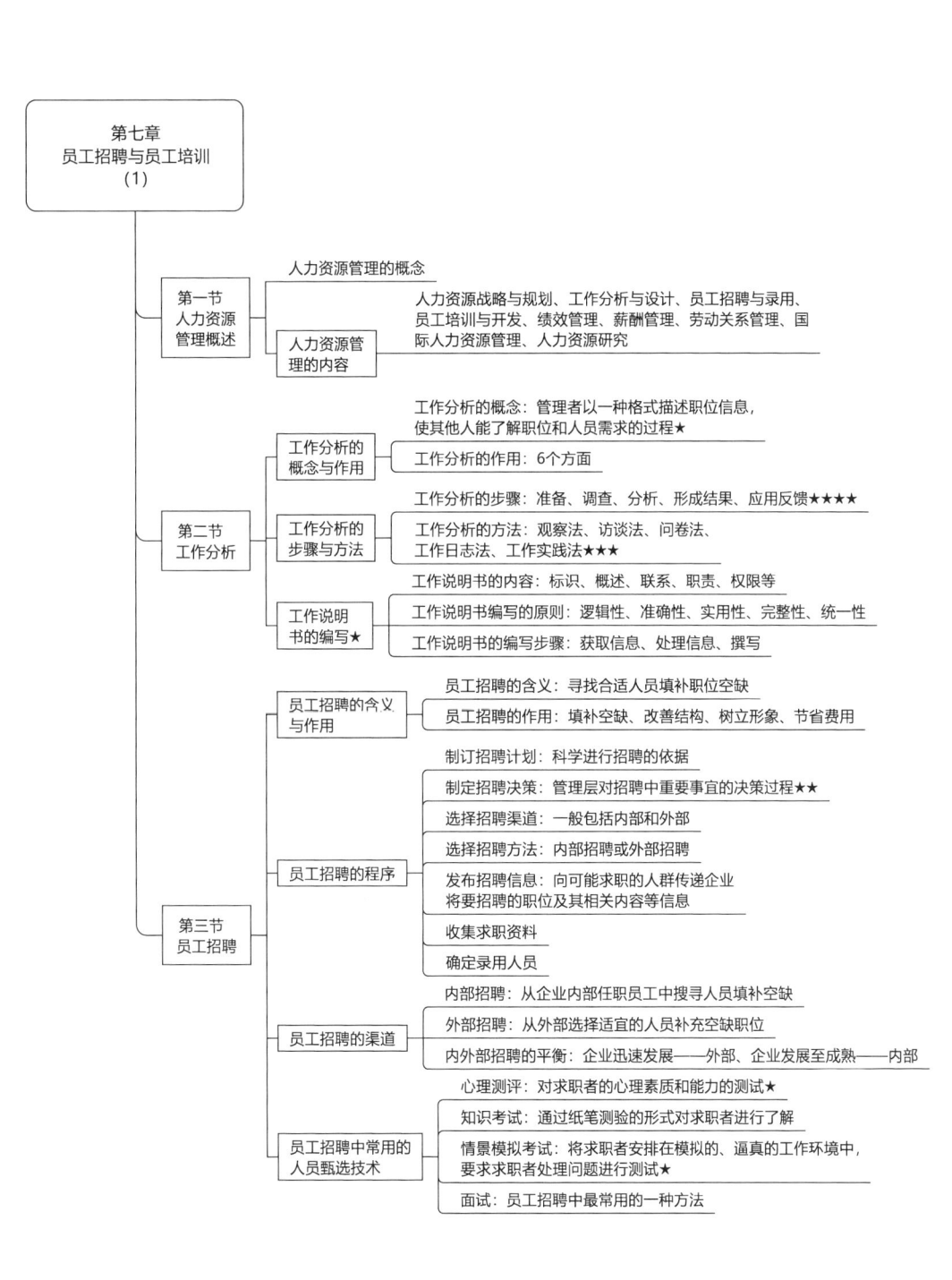

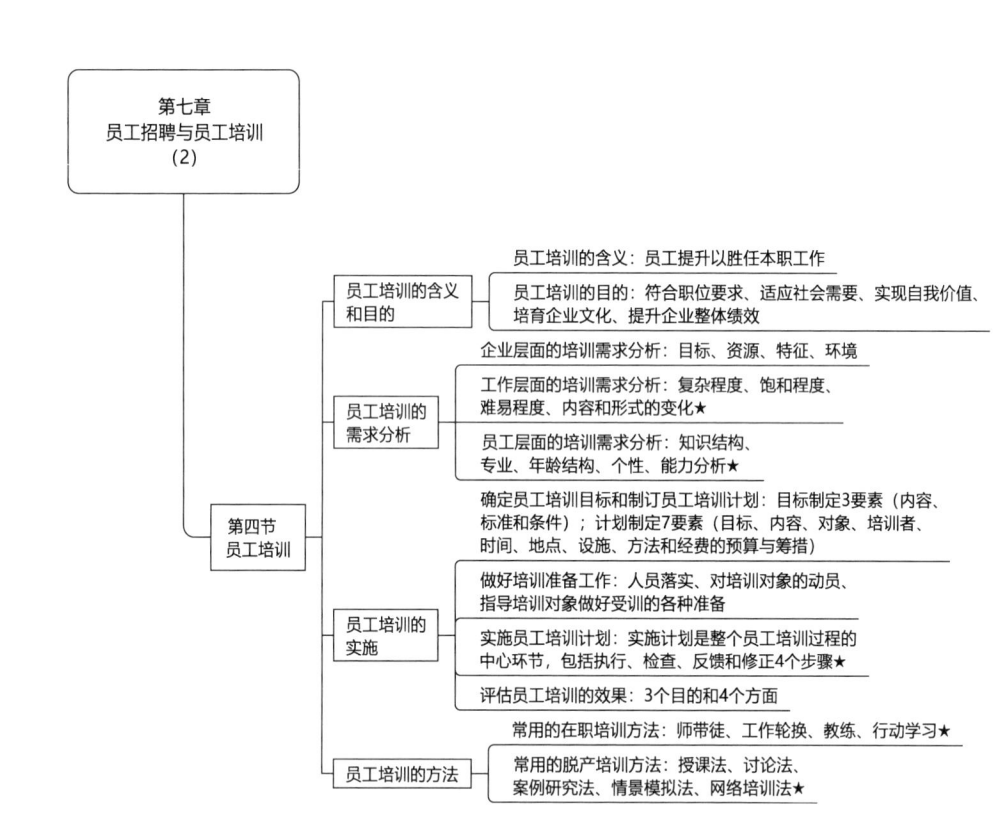

> **温馨贴士**

第二节工作分析的步骤与方法考查较为频繁,考生需重点关注。第三、四节的知识点较多,建议考生多做练习题加以巩固,员工招聘的渠道和人员甄选技术可根据题目具体掌握细节。

思维导图

第八章 财务管理（1）

第一节 财务管理概述

财务管理的概念
- 财务活动：企业筹资、投资、资金营运、利润分配等一系列收支活动的总称★
- 财务关系：企业组织财务活动过程中与有关各方所发生的经济利益关系

财务管理的环节★★★★★
- 财务计划与决策：财务预测的主要方法是销售百分比法；财务决策分为投资决策、筹资决策和股利分配决策
- 财务预算与控制：预算是根据各种信息，对财务进行指标预算的过程；控制是对企业的财务活动加以影响和调节
- 财务分析与考核：分析是指根据企业报表等信息对企业财务状况、经营成果进行分析；考核是将报告期实际完成数与规定的考核指标进行对比，确认是否完成任务

财务管理的目标与社会责任
- 财务管理的目标：利润最大化、每股收益最大化、股东财富最大化和企业价值最大化
- 财务管理的社会责任：分为企业对于合同利益相关者和非合同利益相关者的社会责任★
- 财务管理目标与财务管理社会责任的关系

第二节 财务管理的内容

筹资管理
- 筹资渠道：主要有政府财政资金、银行信贷资金、非银行金融机构资金、其他法人单位资金、民间自然人资金、企业自留资金、国外及我国港澳台地区资金★★★
- 筹资方式：吸收直接投资、发行股票、发行债券、银行借款、商业信用、租赁筹资、留存收益、发行短期融资券、其他金融工具★★★★

投资管理
- 固定资产投资管理：主要包括厂房的新建、扩建、改建；机器设备的购进及更新
- 股权投资管理：企业购买的其他企业的股票或者其他无形资产直接投资于其他企业的行为

营运资金管理
- 应收账款管理：企业对外销售，向购货对象收取款项★
- 存货管理：存货是指企业在日常生产经营过程中为生产或销售而储备的物资

利润分配管理
- 利润分配的顺序：所得税→法定公积金→任意公积金→进行分配
- 利润分配的方式：现金股利、股票股利

第三节 成本费用控制

成本费用项目
- 成本费用按经济用途可以分为生产费用和期间费用★★★
  - 生产费用：直接材料、燃料和动力费用；直接人工费用；制造费用
  - 期间费用：销售费用、管理费用、研发费用和财务费用
- 成本费用按成本性态可分为固定成本、变动成本和混合成本
  - 固定成本：总额稳定的成本
  - 变动成本：总额随产量变动的成本
  - 混合成本：除固定成本和变动成本之外的成本

成本费用控制方法
- 标准成本控制法：标准成本主要用来控制成本开支，衡量实际工作效率。涉及成本差异的计算分析★
- 责任成本控制法：据各责任中心的权、责、利关系，来考核其工作业绩
- 作业成本控制法：为企业增加价值的新型战略成本管理方法
- 目标成本控制法：是一种全过程、全方位、全人员的成本管理方法

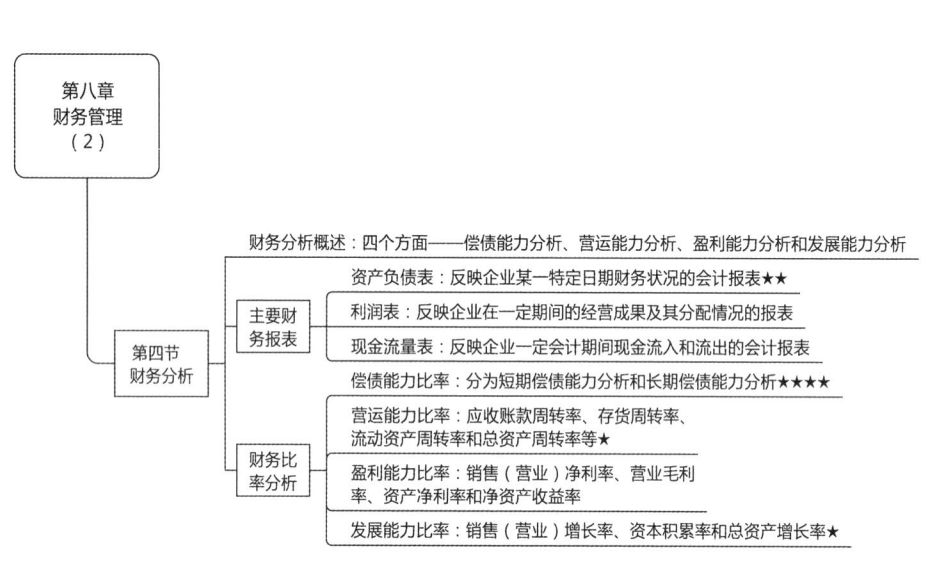

> **温馨贴士**

根据历年真题来看，第一节考试频率较高，且出现过案例题，建议考生多做题来熟悉销售百分比法。第四节的计算公式较多，根据历年真题来看可能会出现案例题，建议考生多做题目进行练习。

思维导图

第九章 管理信息系统（1）

第一节 企业管理信息系统概述

信息的分类★
- 信息的概念：信息就是人们对客观事物及其变化规律的认识
- 按来源不同：外部信息和内部信息
- 按管理层次不同：操作层信息、管理层信息、决策层信息
- 按业务功能不同：顾客需求、销售、储运、采购、财务税务、合同、结算

企业信息管理
- 内容：原始数据采集、数据处理、数据存储、信息传递、数据维护、信息输出
- 管理方式：人工管理方式、计算机管理方式

网络环境下企业的信息管理：以网络经营为主的企业信息管理、企业内部建立局域网的信息管理、企业利用互联网的信息管理、综合各种网络资源进行的信息管理

企业管理信息系统的结构与组成★
- 概念：由人和计算机等组成的能进行信息收集、传递、存储、加工、维护和使用的系统
- 基本特征：人机系统、综合系统、动态系统
- 基本组成：人、硬件系统、软件系统
- 信息管理结构：基层、中层、高层

第二节 管理信息系统相关技术

数据采集技术★
- 射频识别技术：利用无线电波对记录媒体进行读写
- 条码技术：一维条码、二维条码

电子数据交换技术
将标准的经济信息通过通信网络传输，在贸易伙伴的电子计算机系统之间进行数据交换和自动处理；俗称为"无纸交易"

北斗卫星导航系统
- 信号特征和服务类型：①北斗卫星的信号结构包含三部分:导航电文；伪随机噪声码；载波。②北斗卫星导航系统具备导航定位和通信数传两大功能，提供七种服务，具体包括：面向全球范围，提供定位导航授时服务、全球短报文通信服务和国际搜救服务三种服务；在中国及周边地区，提供星基增强服务、地基增强服务、精密单点定位服务和区域短报文通信服务四种服务
- 特色与优势：①具有短报文通信功能；②空间段采用三种轨道卫星组合的混合星座；③提供多个频点的导航信号；④创新融合了导航与通信能力；⑤我国自主发展、独立运行的系统

数据库系统★★★★
- 数据库：是按照一定的格式存储数据的地方
- 数据库管理系统：功能（数据定义、处理、安全、控制、维护★★）
- 数据仓库与数据挖掘

人工智能技术

· 185 ·

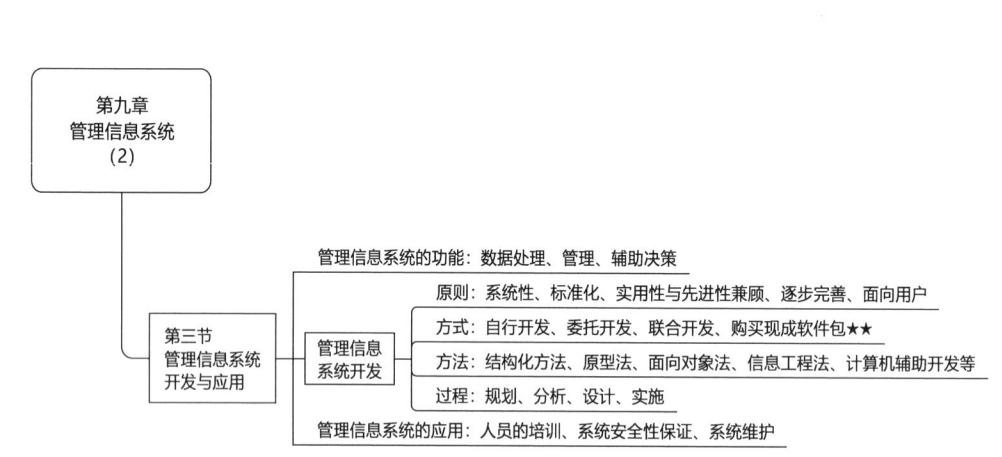

> 温馨贴士

第二节容易考查选择题，每种信息技术的含义和特点要记清。第三节中 4 种系统开发方式的对比要掌握。

全真机考模拟

Day 58* 至 *Day 60

由于经济师考试形式为机考,为了真实模拟考场环境,本书提供三套试卷,需要通过电脑在线做题。

【领取试卷及做题步骤】
- 请扫右侧码领取模拟试卷。
- 登录环球网校官网(www.hqwx.com)。
- 点击《60天过经济师》全真机考模拟试卷。
- 进入界面之后即可开始做题。

扫码领取试卷

模考说明

【答题时长要求】3小时40分钟,两门考试中间有40分钟休息时间

【时间安排】8:30—10:00,10:40—12:10

亲爱的读者：

如果您对本书有任何**感受、建议、纠错**，都可以告诉我们。

我们会精益求精，为您提供更好的产品和服务。

祝您顺利通过考试！

扫码参与调查

环球网校经济师考试研究院